rowohlts monographien
begründet von Kurt Kusenberg
herausgegeben
von Klaus Schröter

Bettine von Arnim

**mit Selbstzeugnissen
und Bilddokumenten
dargestellt von
Helmut Hirsch**

Rowohlt

Für Ariane Neuhaus-Koch

Dieser Band wurde eigens für «rowohlts monographien» geschrieben
Den Anhang besorgte der Autor
Herausgeber: Klaus Schröter
Mitarbeit: Uwe Naumann
Assistenz: Erika Ahlers
Umschlagentwurf: Werner Rebhuhn
Vorderseite: Bettine von Arnim. Radierung von Ludwig Emil Grimm, 1809
(Staatliche Kunstsammlungen Kassel)
Rückseite: Goethe-Denkmal von Karl Steinhäuser, nach dem Entwurf von
Bettine von Armin 1823/24
(Archiv für Kunst und Geschichte, Berlin)

Veröffentlicht im Rowohlt Taschenbuch Verlag GmbH,
Reinbek bei Hamburg, Mai 1987
Copyright © 1987 by Rowohlt Taschenbuch Verlag GmbH,
Reinbek bei Hamburg
Alle Rechte an dieser Ausgabe vorbehalten
Satz Times (Linotron 202)
Gesamtherstellung Clausen & Bosse, Leck
Printed in Germany
980-ISBN 3 499 50369 7

9.–12. Tausend (Mai 1988)

Inhalt

Bettine von Arnim.
Bleistiftzeichnung von Wilhelm Hensel, 1819

Herkunft, Kindheit, Jugend

Im Westend von Frankfurt am Main gibt es eine Bettina-Schule. Als die ersten Manuskriptseiten zu diesem Essay sich füllten, konnte man da ein paar nachdenkenswerte Graffiti sehen. In Blau und Gelb hatte jemand an die zum Keller hinabführenden Treppenstufen «Italian Stallion» [Italienischer Hengst] geschrieben. Das war der Titel einer Filmgeschichte vom Aufsteigen im Land der scheinbar noch immer unbegrenzten Möglichkeiten. Ob dieser Mythos durch die Filzstiftbeschriftung zerstört werden sollte, blieb unklar. Rot leuchtete an einem nicht bloß poetisch verzierten Örtchen die Frage auf: «Aber wo lernt man lieben?»

Was junge Leute heute solcherart beschäftigt, lädt zu einem Rückblick ein. Bis zur Niederlage des Dritten Reichs war die Vorgängerin dieser Lehranstalt nach Kaiserin Viktoria benannt. Dann wurde die Tochter eines «angesehenen Handelsmanns»[1]* Patronin. So kennzeichnete den zum Guldenmillionär Aufsteigenden, ehe Eifersucht zu einer Auseinandersetzung führte, ein Verehrer seiner Frau – der junge Wolfgang Goethe. Ihr siebtes Kind, unsere Bettine («e» statt «a» ist der von ihr und den neueren Forschern bevorzugte Endbuchstabe), hätte als Spitznamen «italienisches Füllen» verdient. Noch im vorgerückten Alter sprang es «wie besessen» umher beim Anblick des ihren kühneren Entwürfen nachgebildeten Goethe-Denkmals und rief wütend aus: *Das soll mein Goethe sein?*[2]

Faktisch ihr ganzes Leben sinnierte Bettine über Lieben und Geliebtwerden. Gelegentliches Pseudonym wurde *Beans Beor*[3] (beglückend werde ich beglückt). *B B*, Anfangsbuchstaben des lateinischen Mottos, zugleich Initialen ihres Mädchennamens, dienten ihr als Sigel-Siegel. Eine ähnlich klingende, inhaltlich entgegengesetzte Erklärung gab die dritte auffallende Wandkritzelei in der Bettina-Schule ab: «Ich liebe den, der mich liebt». Entspricht der darin enthaltene Grundsatz «Gib mir, damit ich gebe» der Realität besser als das Vertrauen in die eigene Ausstrahlung? Deren Kraft hat der ruhelose Pol unseres Büchleins, Bettine, in immer neuen, erstaunlich modern wirkenden Erscheinungsformen ausprobiert.

---

* Die hochgestellten Ziffern verweisen auf die Anmerkungen S. 132f.

Der Vater: Peter Anton Brentano. Anonymes Pastell

Schon der aus der italienischen Koseform «Elisabettina»[4] entsprungene Rufname verrät die Außenseiterin. Ungewöhnlich (im Gegensatz zur Vielfalt der heutigen Bevölkerung) ist der halb im außerdeutschen Raum wurzelnde Stammbaum. Peter Anton bzw. Pietro Antoni oder Pier Antonio Brentano ist in Tremezzo beheimatet. Dieser Hauptort am Westufer des Comer Sees gilt noch immer als wahres Paradies. Der Sproß einer von den «verbürgerten Kaufleuten»[5] lange als gefürchtete Konkurrenz behandelten «Gastarbeiter»-Familie, dessen in Tremezzo verbliebene

Die Mutter: Maximiliane Brentano, geb. von Laroche.
Zeitgenössisches Gemälde

Verwandte – die von Brentano di Tremezzo – Ende des 19. Jahrhunderts
ihre Zugehörigkeit zu dem alten, weitverzweigten lombardischen Adels-
geschlecht der Visconti erfolgreich geltend machen werden, erlangt
Frankfurts Bürgerrecht. Hier gehört ihm «eine Spezereien- und Farbwa-
rengroßhandlung»[6]. Sechs Kinder hat ihm Walpurga Paola Gnosso, seine
1770 gestorbene Cousine väterlicherseits, geschenkt. Zwölf gebiert ihm
Maximiliane von Laroche, älteste Tochter des erst kurmainzischen, dann
kurtrierischen höheren Beamten Georg Michael Frank von Lichtenfels,

Bettines Geburtshaus in Frankfurt, Große Sandgasse 2

genannt La Roche. Sophie, die Frau dieses «natürlichen», das heißt unehelichen Sohns des Grafen Anton Heinrich von Stadion, ist eine Augsburger Arzttochter. Sie und ihre «Maxe» sind Protestanten. Dennoch wird die am 4. April 1785 im Haus zum Goldenen Kopf in der Großen Sandgasse als Peters dreizehntes Kind geborene Bettine am folgenden Tag in der Konfession des Vaters, katholisch, getauft. Sie ist acht, da stirbt ihre Mutter mit siebenunddreißig. Bevor Peter ein gutes halbes Jahr nach ihrem Tod mit Friederike von Rottenhof eine dritte Ehe eingeht, trifft er eine folgenschwere Verfügung. Bettine und drei ihrer Schwestern «anderanno presto in convento»[7] (werden schnell ins Kloster gehen). Gemeint ist das Erziehungsinstitut des St. Ursula-Ordens in Fritzlar bei Kassel.

«Die Fritzlarer Jahre waren glücklich», versichert Bettines Biographin Ingeborg Drewitz, deren einfallsreicher Gratulationsbrief zum 200. Geburtstag der B. B. leider nicht in die Neuauflage ihrer Biographie aufgenommen wurde. Das von ihr nach Bettines Erinnerungen Geschilderte unterstreicht «die klare Heiterkeit der vier Fritzlarer Jahre»[8]. Was die seit 1736 in Fritzlar ein Lyzeum betreibenden Nonnen zwei Dutzend jugendlichen Pensionärinnen bieten – das Mitversorgen des Klostergartens, Anfertigen von zierlichen Handarbeiten, Erlernen von Gitarrespielen, Malen und Modellieren, Hören und Singen geistlicher Chorgesänge, gelegentliches Angelus-Läuten-Dürfen usw. –, muß als kindgerechte Beschäftigung manchmal Spaß machen. Weil dieser Orden von der heiligen Angela Merici im oberitalienischen Brescia gegründet wurde, mögen einige ihrer Jüngerinnen zu den Brentano-Kindern besonders nett sein. Doch – wieviel Mütterlichkeit ist von Klosterfrauen zu erwarten, und wo bleibt in jedem Fall ein Vaterersatz? Von der Elfjährigen bekommt Peter Brentano einen Gruß, den er auf dem Totenbett bei sich gehabt haben soll. *Lieber Papa! Nix – die Link... durch den Jabot gewitscht auf dem Papa sein Herz, die Recht... um den Papa sein Hals. Wenn ich keine Händ' hab' kann ich nit schreiben. Ihre liebe Tochter Bettine.*[9] Ist dieses Selbstzeugnis keine naiv-witzige Umschreibung von Einsamkeit?

Wer nur im Tagtraum eine Hand auf des Vaters Herz, die andere um seinen Hals legen kann, ist zu keinem Plausch mit dem Gänsekiel aufgelegt. Als die sechzehn gewordene Gunda (für Peter «la Condula», für die Geschwister Gundel, amtlich Kunigunde) im Herbst 1796 vor den jüngeren Schwestern das Kloster verläßt, kommen diese um noch eine engere Bezugsperson. Daß Bettine mit fünfzig das Manuskript ihres «ebenso triumphalen wie skandalträchtigen»[10] Bestsellers, *Goethe's Briefwechsel mit einem Kinde*, der Klosterschule vermacht, sieht aus nach einer Mischung von Schwärmerei für ehemalige Lehrerinnen und Ausgleich für die hinter Klostermauern erlittene, durch Einförmigkeit erzeugte Langeweile. Diese Korrespondenz mit einem «gottlosen Mann»[11] wird von den Beschenkten rasch verbrannt.

Ob Bettine selbst schon im Übergang von der Kindheit zur Jugend den lieben Gott entthront? *Wo war je ein Gebet stolz genug, daß ich gern es nachgesprochen hätte?* fragt sie herausfordernd. *«Hier liegen wir im Staube vor Dir, Gott Zebaoth».* So mußten wir im Kloster singen, und nachdem ich's jedesmal mitgesungen hatte, besann ich mich eines Tags... Es schwante mir, als ob dem Gott der Menschheit ein Götze gegenüberstehe, der Zebaoth heiße, denn Gott und Mensch konnte ich nicht trennen und kann es noch nicht, und Staub lecken vor dem Zebaoth, das heißt mich eine innere Stimme bleibenlassen, wenn ich Frieden haben wolle mit dem rechten Gott, der in den mondverklärten Wolken abends sich ins Gespräch mit mir einließ über allerlei und mir recht gab, wo aberwitzige Menschen besser wissen wollten. Und wie wunderliche Reden führte mit mir oft dies*

Scherenschnitt Bettines, 1803

oder jenes auch in der Natur! Daß sensible, intelligente Jugendliche sich im Routine-Gottesdienst fremd fühlen, ist nichts Besonderes. Stempelt aber Bettine schon damals den alttestamentarischen, vom Christentum übernommenen Beinamen Gottes, Herr der Sterne, der himmlischen Heerscharen (hebräisch Zebaoth), einfach zum separaten Götzen? Durch eine Freundin (wir lernen sie gleich kennen) erfährt sie bald nach dem Klosteraufenthalt von uralten *Religionsgebräuchen*, die weder im Christentum noch im Islam vorkommen. Da wird bei Neumond, um *von der Gewalt der Natur* [12] durchdrungen zu werden, die Brust entblößt. Solche Formulierungen in dem Jugendbriefwechsel, der nach absurdem Gerangel mit der Zensur im Sommer 1844, zwei Jahre nach dem Tod des Bruders, als *Clemens Brentanos Frühlingskranz* veröffentlicht wird, könnten späteren Datums sein. Obschon Gunda bei ihrer jüngeren Schwester bereits um die Jahrhundertwende «schon ganz philosophische Begriffe über die Religion» [13] auffallen.

Im Herbst 1797 rücken die Franzosen in Fritzlar ein. Bettine bringt man, wie ihre Schwestern Meline (Magdalena) und Lulu (Loulou, Ludovica), schon im Sommer nach Frankfurt in Sicherheit. Dort ist der Vater, dem in diesem Jahr das zwanzigste Kind geboren wird, vor zwei Monaten gestorben. Die Witwe verläßt bald darauf sein Haus mit dem einzigen ihr aus dieser Ehe übriggebliebenen Kind. Pflegeeltern sind nun Halbbruder Franz und – vom Sommer 1798 ab – seine Frau Antonia geb. Edle von Birkenstock, auf deren Wunsch Bettine im Herbst zur Großmutter ins nahe Offenbach kommt. An dieser, Sophie Laroche, vermißt Goethe nach jahrzehntelanger Bekanntschaft feineres Unterscheidungsvermögen. «Sie hebt das Gemeine herauf und zieht das Vorzügliche herunter, und richtet das Ganze alsdann mit ihrer Sauce zu beliebigem Genuß an.»[14] Die Leistung der «fruchtbarsten Schriftstellerin ihres Jahrhunderts» weiß er aber zu schätzen. Ihre Zeitschrift «Pomona für Teutschlands Töchter» orientiert über schriftstellernde Frauen in anderen Ländern und Abschaffung der Leibeigenschaft. 35 Jahre lang produziert sie Romane – darunter Deutschlands ersten «bürgerlichen» –, Reisebeschreibungen und pädagogische Schriften. Nur – «ihr wesentliches Erziehungsziel» ist «das Sich-Abfinden mit den Gegebenheiten»[15]. Dem Teenager Bettine mißfällt das Bestehende, das die Großmama und deren bei ihr wohnende, vom Leben verbitterte Tochter, Luise Möhn, verkörpern. Sie bestimmen, daß der klösterliche Handarbeitsunterricht fortgesetzt wird. Zu diesem Zweck wird eine Goldstickerin bestellt. Doch statt die Stickstunde brav abzusitzen, freundet sich die eine Außenseiterin, die *Rabenschwarze mit den Locken der Nacht*[16], mit der anderen an. Die heißt Veilchen und ist Jüdin.

Die Begegnung mit Veilchen wird von Bettine unvergeßlich aufgezeichnet. Wie manche literarische Perle entsteht auch diese nach Verletzung. *Es ist ein recht liebkosender Name, und ich fand letzt* (jüngst) *das erste Sträußchen ihrer Namensvettern zusammen. Da ging ich ganz früh zu ihr, um sie damit zu überraschen. Ich fand sie auf der Treppe mit dem Besen in der Hand. Sie war beschämt, ich aber gleich nahm ihr den aus der Hand und sagte: «Ach, lassen Sie mich auch ein bißchen kehren.» Da kam so früh schon, denn es war noch nicht sieben Uhr, der Hofmeister* (Hauslehrer) *vom Eduard Bethmann*[17] *vorbei, der mußte es der Tante gesagt haben, daß er mich vor der Haustür eines Juden auf offner Straße kehrend fand.* Es folgen Wutausbrüche Luisens – zum Teil in Französisch. Das soll wohl den Bildungsgrad der von Bettine gefürchteten Dame hervorheben. Bettine sei gesellschaftlich für alle Zeit verloren, seitdem sie sich «gänzlich weggeworfen» habe. Sie sei scham- und respektlos. Sie solle sich vor der Welt verbergen, damit man auf ihrer Stirn nicht entehrende Zeichen ihrer Unverschämtheit sehe. *Ach, und wenn Du wüßtest, wie hübsch es bei dem lieben Veilchen war!*, beginnt eine mehrseitige Beschreibung des Haushalts einer diskriminierten Minderheit für den studierenden Bruder Clemens. *Da war alles schon so sauber im Stübchen, ein kleiner Kaminherd, auf dem brannte ein Feuerchen. Dabei kochte das Frühstück für den Großvater, der saß dabei und strich seinen langen weißen Bart durch die Finger. Veilchen stickt ein Goldmuster sehr schön in einen rosinfarbenen Sammet, so nennt sie ein sanftes Braunrot in ihrer Judensprache. Die Arbeit ist bestellt, und sie bekommt dann viel Geld, wenn es fertig sein wird. Sie ernährt ihren Großvater und zwei seiner Urenkel, die Waisen von dem gestorbnen Bruder. Denen ist die Veilchen ganz wie eine Mutter.* Daß Verwaiste eine Mutter wiederbekommen, muß die Vollwaise Bettine am stärksten berühren.

Sophie von Laroche. Kupferstich von W. Arndt, 1797

Mit einmaligem Fegenhelfen ist es Bettine jedoch nicht getan. Veilchens *Herd* ist *eingefallen*, die *Ofenplatte geplatzt*, das *Wohnzimmerchen*, in dem Kunden ihre Bestellung aufgeben, muß *frisch geweißt* werden. Es fehlt an Hausrat, Kleidung und Schuhwerk. Darum verspricht Bettine, die *vergnügt* mit Veilchen stickt – *denn ich hab' Augenmaß und mache die Stiche sehr egal –, alle Frühmorgen* zu helfen. *Früh um vier Uhr geht schon die Sonne auf, da kann ich sticken bis acht Uhr, dann muß ich zur Großmama zum Frühstück.* Aber die Tante, befürchtet sie, wird es wegen des Gassekehrens nicht erlauben, und Clemens wird bestimmt nicht billigen, daß es heimlich geschieht. Was? Trotz Versprechens ein Mädchen im Stich lassen, das nie zum Tanz geht oder, *schön geputzt*, auf den *Freier* wartet? Das will Bettine nicht. Ihr Clemens, von dem Bettine annimmt, er würde, käme er zu Besuch, in ihrem Sinn mit der Tante reden, rät zur – Zurückhaltung. «Ganz natürlich, daß Du gern mit dem Veilchen das Kleid fertigsticken willst. Aber ich meine doch, es wird besser sein, wenn

Du nicht am Morgen so früh Dich vom Haus entfernst. Hast Du nicht zufällig den Herrn Hofmeister begegnet, der Dir den Verdruß machte, bei der Tante, böse über Dich zu reden? – Nun könnten doch noch andre Leute Dir begegnen, die auch darüber reden könnten.»[18] Einem ausgewachsenen Philister gleich wägt der Studiosus, der zukünftige prominente Lyriker der Heidelberger Romantik, die Nachteile gutnachbarlichen Verhaltens gegenüber verachteten Mitmenschen. Damit fällt er noch hinter den «Alten Fritz» zurück, der den berühmten jüdischen Philosophen Moses Mendelssohn – er schreibt in dem Jahr seine letzten Zeilen, in dem Bettine ihren ersten Schrei tut – nach Potsdam einladen läßt, eine Unterhaltung mit ihm aber verschmäht.[19] Bettine rangiert darin über dem Herrscher, der als «der Große» gefeiert wird. Durch vertraulichen Umgang mit *einem guten Geschöpf*, das dem todkranken Großvater eine Kur in Wiesbaden ermöglicht, schwingt sie sich ihrer Ansicht nach zu diesem hinauf, während Clemens umgekehrt ihr Tun als Herablassung betrachtet. Es kommt eine Art Teamarbeit der beiden Freundinnen zustande. Bettine schickt Veilchen Seide, Perlen, Stahl- und Goldflitter, zeichnet dem Goldarbeiter für eine grüne Samtrobe ein Girlanden- und Raupenmuster auf und wird so zur bewunderten Modeschöpferin. Beim Sticken fädelt sie Veilchen die Nadel ein und liest ihr zum Auswendiglernen aus Liedern von Goethe vor. Sie kümmert sich nicht darum, ob *etwa Offenbacher Juden von mir sprechen*[20].

Trotz Meinungsverschiedenheiten bemüht der sieben Jahre ältere Bruder sich weiter gründlich um Bettines Erziehung zur Dichterin, und sie hängt unverändert an ihm. Den Moment, in dem sie sich Ende 1797 in Offenbach gegenseitig «entdeckt» haben, hält recht glaubhaft ihr bezaubernder Brief zwei Jahre danach fest. *Clemente! ... Ich sah Dich an und kannte Dich nicht und hielt Dich für einen fremden Mann, der mir aber so wohlgefiel mit seiner blendenden Stirne und Dein schwarz Haar so dicht und so weich, und Du setztest Dich auf den Stuhl und nahmst mich auf einmal in Deine zwei Arme und sagtest: «Weißt Du, wer ich bin? Ich bin der Clemens!»* Und da klammerte ich mich an Dich, aber gleich darauf hattest Du die Puppe unter dem Tisch hervorgeholt und mir in den Arm gelegt; ich wollte aber die nicht mehr, ich wollte nur Dich. Ach, das war eine große Wendung in meinem Schicksal, gleich denselben Augenblick, wie ich statt der Puppe Dich umhalste.* Eine Umarmung lang sind die Geschwister keine von den Eltern verlassenen Kinder mehr.

Gelegentliche Eifersüchteleien würzen das geschwisterliche Liebeserlebnis, das sich im wesentlichen auf gedankliches Zusammensein zu beschränken hat. Um zwei Uhr mittags trifft beispielsweise Post von Clemens ein. Bettine nimmt sich vor, sie unter narkotischen Balsam ausströmenden Orangenbäumen zu *studieren*, deren Blüten sie ißt. Doch als die Sonne schon vom Mond abgelöst wird, hat sie *den Brief nicht bedacht, aber beschlafen*. Sie steigt dann aufs *Gitter im Boskett, wo die Blumen alle*

Clemens Brentano. Zeichnung von Wilhelm von Schadow, 1805

stehen auf hohen Paradegestellen. Der Gärtner begießt sie gerade. *Wie sie so gierig das kühle Wasser* aufsaugen, wird Bettine ganz durstig und trinkt *aus der Gießkanne.* Der Gärtner will diese Selbsthilfe *nicht leiden.* Sie soll warten, bis er ein Glas holt. *Ich bin dem Gärtner gut. Er ist mein bester Geselle. Alles, was er sagt, verbindet sich so nah mit der Gegenwart.*

Eine frostige Briefschelte unterbricht jäh dieses Frühlingsidyll. Bettines «Herumtragen und Betrachten der Träume» wird kurzerhand als «kindisch» verworfen. «All diesen zärtlichen Empfindungen» soll sie «Bewegung, Springen, Singen und Tanzen», Küchenarbeit «oder auch

einen ordentlichen Aufsatz... selbst über die französische Revolution»
vorziehen. Sie möge Clemens doch «ohne Übereilung oder Faulheit» ein
«halb Dutzend leinene Stiefelstrümpfe» anfertigen. Auch auf «alberne
Bücher», über die er schon in Offenbach mit ihr geschimpft hat, kommt
der Erzürnte zurück. Er schlägt vor, daß sie ihn «über alle Lektüre um
Rat» befragt. Unterschrift: «Dein ehrlicher Bruder Clemens». In einer
Nachschrift rückt der eifersüchtige Liebhaber mit der Hauptsache heraus. «Noch etwas! – Verphantasiere Dich nicht mit dem Gärtner! – Er ist
ein guter, vernünftiger Bursche an seinem Platz, nämlich unter Kraut und
Rüben. Es ist sein romantisch Leben ganz gut mit den Blumen, das aber
doch gewiß halb aus Deinem Magen kommt. – Aber einen tüchtigen Kohl
muß er mir doch auch ziehen und muß seinen ordentlichen Respekt davor
haben.» Bettines Leseliste schmückt «etwas Himmlisches» – Müllers
Schweizergeschichte. «Es sind zwar einige dicke Bände, aber desto länger
dauert die Freude. Setze Dir täglich ein paar bestimmte Stunden, wo Du
drinnen liesest.» Außerdem: «...meistens Goethe und immer Goethe
und vor allem den siebenten Band der neuen Schriften, seine Gedichte
sind ein Antidotum der Empfindsamkeit.»

Bettine reagiert als *barbarische Schwester* mit einem prasselnden satiri-
schen Hagelschauer. Einerseits verteidigt sie ihren Gärtner gegen den
Vorwurf, geistlos zu sein. Andererseits versucht sie den Abwesenden
durch ein homöopathisches Heilmittel zu kurieren, indem sie ihm vom
vermutlich übertriebenen *Liebesabenteuer, von jener schönen Ballnacht*
(1801?) vorschwärmt. Die bittere Pille verpackt sie in ein fingiertes
Schreiben an ihre Freundin Karoline von Günderrode. Es ist in Wirklichkeit – die Maske wird unmittelbar nach der Anrede abgenommen – an
Clemens gerichtet. Dazu bekommt er eine Parodie auf seinen Begriff der
Pflicht. *Seh' ich mich um nach meiner Pflicht, so freut mich's recht sehr,
daß sie sich aus dem Staub macht vor mir, denn erwischte ich sie, ich würde
ihr den Hals umdrehen!* Gärtner- und Geschichtsmotiv verschleifen sich
nun. *Jetzt werd' ich gleich einmal meine Pflicht überschreiten und werde
ein bißchen zum Gärtner gehen, da es die Abendstunde ist, wo er begießt.
Da hab' ich ihm versprochen zu kommen, und zwar nicht aus Pflichtgefühl, sondern aus Lust am lieblichen Geschäft, aus Lust an alle dem fri-
schen Leben, was sich in dem schönen Schmelz der Farben regt, am Wachs-
tum der Knospen und an allem in allem! Und auch zum Kohlbeet werd' ich
gehen, was der Clemens für des Gärtners Pflichtniederlassung hält. – Ich
werde mich da mit meinem Pflichtstrickstrumpf hinsetzen und etliche
Pflichtmaschen stricken. Ich werde aus Pflicht gegen meine Bildung in der
alten Schweizergeschichte lesen, daß der Teutone keine Stiefelstrümpfe
trug, als er noch ein freier Mann war. Ich werde also aus Pflichtgefühl am
Altar der Freia mein Strickzeug niederlegen und das Gelöbnis ihr tun, nie
wieder Stiefelstrümpfe zu stricken, die dem freien deutschen Charakter Fesseln anlegen!* Diesen «lieben, tollen, wunderlichen Brief», der, wie alle

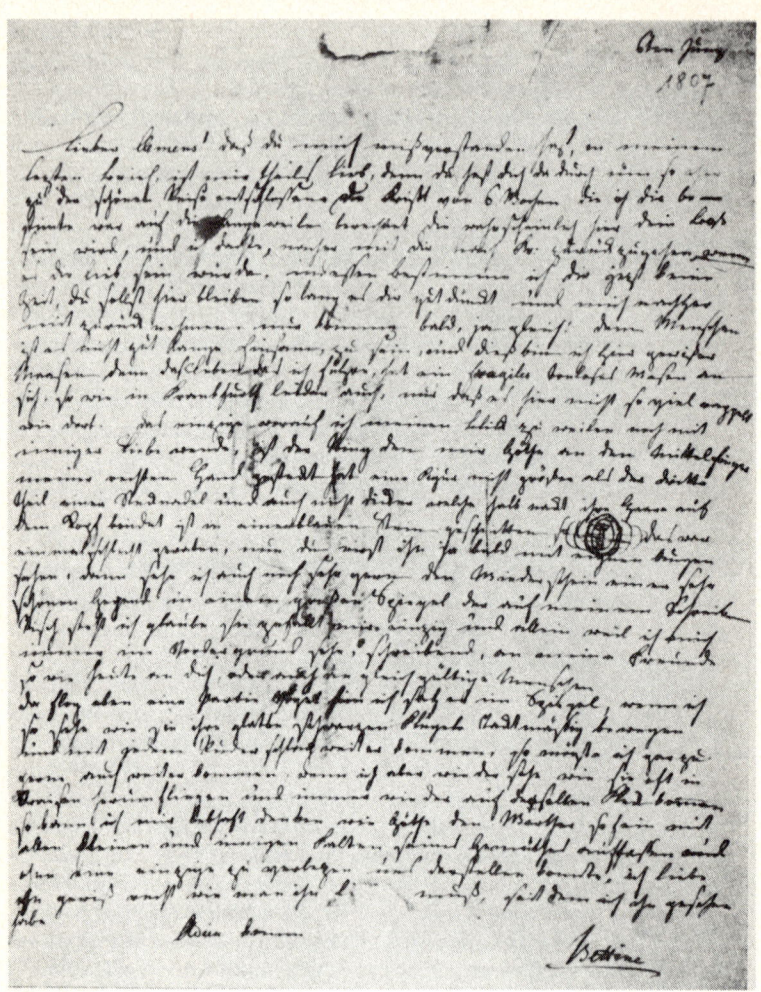

Brief Bettines an Clemens, 1807

Briefe Bettines, «nicht zu beantworten» sei, erwidert Clemens mit einer
Überraschung. In zwei Wochen, am 1. Juni (1802) wird er in Frankfurt
sein, ebenso sein im vorigen Jahr in Göttingen gewonnener «lieber
Freund Achim von Arnim». Die «eigentliche große Freude, die mich hin-
zieht, ist, daß Du meinen lieben göttlichen Arnim kennenlernen wirst».
Könne Bettine nicht um diese Zeit in Frankfurt sein, würden die beiden

Studenten sich mit ihr – bei hoffentlich gutem Wetter – im großmütterlichen Garten treffen. «Versteht sich, daß Du niemand vom Inhalt dieses Briefes erzählst.»[21] Bettines intimster weiblicher Freund und ihr künftiger Ehegefährte werden so in den *Frühlingskranz* eingeflochten, den sie später dem toten Clemens in Buchform aufs Grab legt.

Einen gewichtigeren Stein des Anstoßes als Stickerin und Gärtner bildet Graf Mirabeau. Von seinem Vater ist der glanzvolle Redner der Großen Französischen Revolution durch Verbannung oder Haft tyrannisiert worden. Als er mit der jungen Frau eines alten Manns entflohen ist, wird

Ludwig Achim von Arnim als Student.
Bleistift, Silberstift und Pastellfarben, anonym, um 1800

*Vüe d'Offenbach du côt
dediée à S.A.S. Monseigneur le Preince Regna*

er in Holland verhaftet, ausgeliefert und von 1777 bis 1781 in den Schloß-
turm von Vincennes eingesperrt. Beim Ausbruch der Revolution als Vertreter von Bürgern und Bauern in die nachmalige Nationalversammlung
entsandt, trägt der Anhänger eines verfassungsmäßigen Königtums durch
Wissen und Beredtsamkeit zu Erfolgen des konstituierenden Parlaments
bei. Doch bei seinem am 2. April 1791 erfolgenden Tod – Bettine ist eben
sechs – läuft gerade, nicht grundlos, die gegen ihn gerichtete Klage, mit
dem Hof gegen die radikale Linke konspiriert zu haben. Ein Vierteljahr
danach unternimmt Ludwig XVI., von dem Mirabeau erkannt hat: «Der
König hat nur einen Mann, seine Frau»[22], einen Fluchtversuch, der schei-
tert. Bettine hat in Offenbach ständig Gelegenheit, adelige Emigranten

Offenbach am Main.
Zeitgenössische Radierung
von G. H. Hergenröder

zu beobachten, denen die Flucht geglückt ist. Auf einem Morgenspaziergang sieht sie, wie ein Herzog, der *Duc de Choiseul*, von Händlern
Milch und Milchbrot kauft. Um ihn nicht bei einer von ihm als erniedri-
gend empfundenen Tätigkeit zu bemerken, kehrt sie um. Mehrmals ent-
wischt sie der in Männerkleidung umhergaloppierenden *Prinzeß aus der
Vendée*, der gegenrevolutionären Provinz. Die hochstapelnde Emigrantin
nimmt das junge Mädchen zu etwas zweifelhaften mesmerischen Experimenten[23] mit und hält es unter obskurem Wortschwall über den *inner-
lichen Sinn im Ozean der Gefühle... fest in ihren Armen. Ich hätte des
Teufels werden mögen,* stöhnt Bettine. *Ich schämte mich, daß ich ihr zuhören mußte, gefangen in ihren Armen, und nichts verstand. Sie ließ mich los,*

21

wie die Großmama hereinkam. Ich wie ein entwischter Vogel sprang in den Garten auf die Bank.[24]

Eines Abends belehrt Sophie Laroche die Enkelin, nachdem der blinde Herzog von Arenberg ihr nachmittags einen Packen Revolutionsblätter mitgebracht hat: *Mirabeau sei ein Komet, der alles entzündet, was sich ihm nähert. Das Große in ihm verstehen lernen, adle die Seele. Sie macht Auszüge aus seinen Briefen. Sie gibt mir eine Nadel, damit soll ich ins Heft stechen. Welchen Satz ich treffe, den soll ich als Gedenkspruch bewahren. Sie hatte diese Sätze selbst alle gesammelt und war überzeugt, ich werde mit der Nadel nicht unrecht stechen. Aber ich stach in «Die Macht der Gewohnheit ist eine Kette, die selbst das größte Genie nur mit vieler Mühe bricht», und die Großmutter stutzt. Ob ich den Satz nicht gar selbst erfunden hab'? Nein, liebe Großmama, hier steht er, ich bin nicht Mirabeau, aber sein Geist ist mir ins Blut gegangen. Er wird mich ewig mahnen, nicht von der Gewohnheit abzuhängen.* Clemens erhebt Einspruch: «Aber Kind, ist es nicht etwas Einbildung oder Eitelkeit von Dir?» Daß Sophie sich eine Bettine interessierende Abhandlung Mirabeaus über Staatsgefängnisse von ihr übersetzen läßt, wundert ihn. Einbildung, das heißt Phantasie, räumt Bettine ein, kann in ihrem Begeistertsein stecken. Doch folgt ein Gefühlsausbruch über den für Bettines politischen Werdegang gar nicht überzubewertenden Grafen, eine «dumpfe Sturmglocke», keine sanft läutende «Abendglocke», wie Clemens ihren politischen Schwung tadelt. *Ich wollt' ich stünd' vor ihm, weißt Du? – Denk' ich an ihn, ich fühl' mein Gesicht brennen. Liebster Clemens, mit aller Sehnsucht meiner Arme, meiner Augen, ja mit allem, was umfassend ist in mir, möcht' ich sein Knie umschlingen! Des großen Helden, der auf seine Lippe nimmt das Geschick des Volkes und entzündet es, mit seines Mundes Hauch facht er es an.* Doch Sophie eilt prompt herbei, um den von ihr gerochenen Herzensbrand zu löschen.

Den *sonderbaren* Vorgang hält derselbe sechseinhalb Druckseiten einnehmende Brief fest. *Da bringt die Großmama heute einen alten Brief vor vom Lavater, der schon drei Jahre alt ist, kurz vor seinem Tod geschrieben. Der malt den Mirabeau und recht unglimpflich, und die Großmutter holt die Silhouette aus dem Brief hervor, die er mitgeschickt hatte.* «Beschauen Sie die Nase», lautet die Aufforderung des von Mirabeau früher angegriffenen gebürtigen Zürcher Missionars und Literaten Johann Caspar Lavater, der unter Beteiligung Goethes Gesichtsstudien durchführt und Anfang 1801 stirbt, was die ungefähre Datierung von Bettines Urbericht erlaubt. «Diese Nase ist eine Bauernnase. Die bezeichnet nicht den Helden, der die kühnsten Entwürfe beharrlich ausführt. Seine Freunde glauben, daß er die Tugend liebte. Dies kann aber unmöglich mit so schwülstigen Lippen, deren Winkel so matt herabhängen, übereinstimmen. Sein Auge ist zwar feurig, aber von finsterer Vermessenheit und hat einen verachtenden Blick, eine schamvergessene Gewaltsamkeit thront auf seiner

Bettine als junges Mädchen. Bleistiftzeichnung von
Ludwig Emil Grimm nach Landshuter Skizzen,
vermutlich 1851

Stirne, aber kein Heldenmut. Ein Zug geht durch die ganze Physiogno-
mie, der zwar die Karikatur des Genies markant ausspricht, nämlich Ex-
altation, die an Narrheit grenzt.» Nichts liegt näher, als daß Sophie fortan
Mirabeau durch Lavaters Brille sieht und daß Bettine Überspanntheit,
die an Wahnsinn grenzt, als das wiedererkennt, was ihr von mehr als einer
Seite vorgehalten wird. *Und Du*, seufzt sie, *predigst mir immer Pietät gegen die Großmutter! Wo und wie soll sich das alles zusammenfinden, ohne
daß heuchlerische und kleinliche Furcht sich dreinmische! Ach, Clemens!*[25]

Laroches besitzen fraglos Lavaters Monumentalwerk. Es enthält
Sophies Profil. «Der Mund ist hart und verschnitten», ist unter anderem
Lavaters Kommentar zu deren Gesichtszügen, während Joseph von
Eichendorff witzeln wird: «...eine Henne... die unverhofft Schwäne

ausgebrütet hat.»[26] Auf- und anregender ist ein anderer Schatz aus Sophies Vergangenheit – Goethe-Briefe! Frederik Hetmann, Chronist des Romans von Bettine mit Achim von Arnim bis zur Hochzeit, interpretiert den durch einen Speicherfund ausgelösten Impuls. «Für Bettina, die... auf dem Dachboden des großmütterlichen Hauses in Offenbach die Briefe des nun weltberühmten Mannes findet, werden diese Papiere zum Anstoß zu einem großen Phantasiespiel. Eine Mythe wird in diesem Augenblick geboren.»[27] Genährt wird sie unter manchem andern durch die Bekanntschaft ihrer gleichfalls Sophie heißenden älteren Schwester mit Goethe, die Bettine nicht verborgen bleiben kann.

Nach dem führenden Politiker in der Frühphase der Französischen Revolution wird der Deutsche, der die epochale Bedeutung ihrer zweiten, kriegerischen Phase erkennt und verarbeitet[28], zur Zielscheibe ihres Bedürfnisses nach einem Idealvater. Der Umstand, daß der erste Held ein längst Verstorbener, der zweite dreieinhalb Jahrzehnte älter ist als sie, erleichtert ihre Benutzung als idealisierte Vaterfiguren. Verhält es sich nicht ähnlich mit dem brüderlichen Geliebten? Als die aus Frankreich emigrierte *Frau, die ein Pferd regiert wie ein Mann*, Bettine anbietet, sie und ihren Clemens in einen fernen *Weltteil* mitzunehmen, entsetzt sie sich: *Ich will aber nicht immer mit dem Clemens sein, sonst könnten wir einander lästig werden.*[29] Um Phantasiespiele geht es in allen drei Fällen.

Erste Lieben

Kein Backfisch mehr, der aus der Ferne in einen Studenten verliebt ist, eine heranreifende junge Frau mit schwärmerischen Gefühlen für eine fast ausgereifte Dichterin und Dramatikerin, sah Bettine Karoline von Günderrode während ihrer engeren Beziehungen wohl nicht wesentlich anders, als später in Briefromanform festgehalten wurde. *Sie war so sanft und weich in allen Zügen wie eine Blondine. Sie hatte braunes Haar, aber blaue Augen, die waren gedeckt mit langen Augenwimpern. Wenn sie lachte, so war es nicht laut. Es war vielmehr ein sanftes, gedämpftes Girren, in dem sich Lust und Heiterkeit sehr vernehmlich aussprach. Sie ging nicht, sie wandelte... Ihr Kleid war ein Gewand, was sie in schmeichelnden Falten umgab; das kam von ihren weichen Bewegungen her. – Ihr Wuchs war hoch; ihre Gestalt war zu fließend, als daß man es mit dem Wort «schlank» ausdrücken könnte. Sie war schüchtern – freundlich und viel zu willenlos, als daß sie in der Gesellschaft sich bemerkbar gemacht hätte.*[30] Ein literarisches Porträt, dessen Anschaulichkeit, Wohlklang und Rhythmus noch immer entzücken. Bloß – ob die Vorlage zu dem zitierten gedruckten Mammutbrief (30 Seiten!) schon so umfangreich war? Karoline wurde 1780 in Karlsruhe geboren. Sie war also fünf Jahre älter als Bettine, zwei Jahre jünger als deren uns aus dem *Frühlingskranz* vertrauter Bruder und bisheriger Mentor Clemens. Wie die Brentanos war sie von altem Adel, aber verarmt. Wie Bettine stammte sie von literarisch tätigen Familienangehörigen ab; ihre Eltern schriftstellerten beide. Sie war seit Bettines erstem Lebensjahr ohne Vater, jedoch niemals mutterlos. Dafür kam sie mit siebzehn, als Bettine vorübergehend von Fritzlar nach Frankfurt heimkehrte, in ein Frankfurter Stift für bedürftige evangelische Adelige.

Während Bettine bei ihrer Großmutter in Offenbach untergebracht war, bekam Karoline von der im Prinzip für die «Sittsamkeit» der Stiftsdamen verantwortlichen Anstalt Erlaubnis, ihrer außerhalb Frankfurts wohnenden Großmutter Gesellschaft zu leisten. Ihr und ihren Frankfurter Beschützern vertraute sie schwerlich an, daß sie, gerade von einem Liebeskummer erlöst, im Sommer 1799 plötzlich von einer «Leidenschaft»[31] für den Jurastudenten Friedrich Karl von Savigny gepackt wurde. Ein ausgiebiger Briefwechsel mit ihm, an dem Gunda Brentano sich einmal mit dem Nachvermerk beteiligte: «Ich bin dein und Du darfst mit mir machen, was du willst»[32], mündete Mitte April 1804 in Savignys Verheiratung mit – Gundel. *Die zwei Paradiesvögel, das heißt Adam und Eva oder vielmehr Savigny und Gunda*[33], setzten gemeinsam die Korrespondenz mit Karoline fort. «Günderrödchen, Du bist ein dumm Günderrödchen», tröstete der exquisite Briefschreiber Savigny sie, «und das wollen wir Dir noch ganz anders deutlichmachen.» Die Jungvermählten würden am Wochenende nach Frankfurt eilen. «Sei mir nicht mehr betrübt, wenn Du mich siehst! Vielmehr mußt Du mir, Savigny, an den Hals springen und mich küssen.» Zuvor würde sie einen Vorrat an Lektüre zugeschickt bekommen, deren anscheinend etwas schlüpfrigen Stoff sie dank der am großelterlichen Wohnort eingeatmeten gesunden Luft verkraften könne. «Adieu, bis wir Dich küssen, Dein Savigny und Dein Gundelchen.» Eine Nachschrift Savignys war noch etwas wärmer. Doch verständlicherweise wünschte die Sitzengelassene mehr zu sein als eine «unser Freund» angeredete, liebevoll aufgenommene Hausfreundin.

Karolines Lage wurde noch peinlicher. Clemens, Savignys Studienfreund, versuchte, sie durch einen romantischen Brieftraum zu locken, nachdem er ihre pseudonymen Verse «mit Entzücken» als die ihren erraten hatte. «Gute Nacht! Du lieber Engel», versetzte er die so Angerufene wie mit einem Liebestrank in eine bestimmte Tageszeit, in einen bestimmten Raum. «Ach», fragte der Magier wie in Trance, «bist Du es, bist Du es nicht?» Danach entrollte sich ohne weiteres Vorspiel eine wahre Blutorgie. «So öffne alle Adern Deines weißen Leibes, daß das heiße schäumende Blut aus tausend wonnigen Springbrunnen spritze! So will ich Dich sehen und trinken aus den tausend Quellen, trinken, bis ich berauscht bin und Deinen Tod mit jauchzender Raserei beweinen kann, weinen wieder in Dich all Dein Blut und das meine in Tränen, bis sich Dein Herz wieder hebt und Du mir vertraust, weil das meinige in Deinem Puls lebt... Lägst Du nur eine Nacht in meinen Armen, so solltest Du Dir meine Liebe an Deinen warmen Brüsten ausbrühen...»[34] Sollte durch diesen Zauber Karolines Scheu – sie versagte sogar im Kreis der zwölf Stiftsdamen, wenn sie ein Tischgebet vorzusprechen hatte – in erotische Aggressivität verwandelt werden, wie vordem in Offenbach Bettines Sympathie für den Gärtner in Lernfleiß? Es kann für Karoline nicht leicht gewesen sein, dem nicht allein sie Umwerbenden klarzumachen, daß sie ihm weder Liebe noch auch nur Freundschaft entgegenzubringen vermochte – einzig ein überpersönliches Interesse, wie man es Kunstwerken entgegenbringt.[35]

Einen seriöseren Liebespartner glaubte Karoline im selben Jahr in dem Heidelberger Professor für Philologie, Religions- und Mythengeschichte Georg Friedrich Creuzer gewonnen zu haben. Er schätzte ihre lyrische und dramatische Produktion, suchte und fand Publikationsmöglichkeiten dafür. Er hielt sich dazu für unglücklich verheiratet mit einer dreizehn Jahre älteren Professorenwitwe, deren «früher von ihm unter-

Friedrich Karl von Savigny. Radierung nach L. E. Grimm, 1815

richteten Kindern» er «ein zweiter Vater geworden war». Zu dem neun
Jahre Älteren, der als «häßlich und ein wenig verwachsen» geschildert
wurde, entflammte Karoline in «höchster Leidenschaft»[36]. Phantasti-
schen Einfällen – Karoline gedachte in Männertracht unweit Creuzers zu
wohnen, um eine Ehe zu Dritt führen zu können; seine Frau willigte,
wenn auch gebrochenen Herzens, in eine Scheidung ein, doch reichte das
vorhandene Einkommen nicht für den Lebensunterhalt der drei dann da-

Gunda von Savigny, geb. Brentano. Radierung von L. E. Grimm, 1808

von abhängigen Personen – bereitete ein Blutsturz des Manns ein abruptes Ende, während die Gattin ihn aufopfernd umsorgte. Der Patient gelobte, sich von Karoline zu trennen, falls er gesund würde. Er besaß aber anscheinend nicht den Mut, Karoline den Schwur persönlich zu offenbaren. Als ihr nach einem dramatischen, zum Teil von beiden Seiten auf griechisch geführten Briefwechsel im Sommer 1806 von befreundeter Seite die zweite oder dritte Vernichtung ihrer Aussicht auf eine Ehe definitiv, in der ungeschicktesten Form, eröffnet wurde, nahm Karoline sich das Leben.

Ob das vorangegangene Dahinsterben älterer Schwestern und Karolines überraschender Bruch mit Bettine einen Monat vor dem Selbstmord zu diesem Kurzschluß beitragen? In Bettines erstem Werk, dem Goethe-Buch, das mit dem Höhepunkt ihrer Kreativität zusammenfällt, erhalten wir manche Bilder dieses Dramas, das uns, wie Bertolt Brechts Theaterstück «Die Maßnahme», vom Ausgang her vorgeführt wird. *Gestern war ich da unten, wo sie lag.* Da vermag man sich vorzustellen, *wie sie voll Verzweiflung hierher lief, und... wie das tagelang in ihr gekocht hatte.* Nach diesem Zurückspulen rollt die Handlung rascher rückwärts – bis zum harmlosen (chronologisch nicht unbedingt zuverlässigen) Anfang. *Sie hatte mich zuerst aufgesucht in Offenbach... Nachher waren wir alle Tage beisammen. Bei ihr lernte ich die ersten Bücher mit Verstand lesen. Sie wollte mich Geschichte lehren. Sie merkte aber bald, daß ich zu sehr mit der Gegenwart beschäftigt war.* Nun amüsiert uns, wie Bettine eine im Garten von Karolines kleiner Wohnung stehende Silberpappel erklettert. Bei jedem Kapitel, das sie Karoline vorliest, erklimmt sie einen höheren Ast, bis die Geängstigte *«Fall' nicht!»* ruft. Sie nehmen zusammen den «Werther» durch, der mehr als einen Zeitgenossen zur Nachahmung einer Verzweiflungstat verführt. Sie schreiben ein erfundenes *Reisejournal* und vergnügen sich an den selbst ausgeheckten Abenteuern.[37] Ein *Geschichtskerl* (gemeint ist ein Lehrer) bringt Bettine immerhin biblische Historie bei. Auf philosophische Ausführungen, die Karoline ihr vermitteln möchte, kann Bettine dagegen ihre Aufmerksamkeit nicht konzentrie-

Bettine. Bleistiftzeichnung von L. E. Grimm, 1809

ren, obschon sie lebenslang originelle Gedankenblitze durchzucken. Für eigentliches Philosophieren hat sie einmal nur diese Häme übrig: *Den philosophischen Aufsatz, wie Du ihn zu nennen beliebst, schenk' ich Dir. Ich nenne ihn einen steifstelligen, verschnippelten, buchsbaumernen Zwerg, ein fataler Würgengel von superklugem Gewälsch, ohne Sprach', ohne Musik, es sei denn das hölzerne Gelächter... Ich will nichts mehr davon wissen.*[38] Wir fragen uns, ob derartige Kritik der Schülerin (sofern sie tatsächlich in diesen Ausdrücken fällt) ihre Lehrerin nicht befremdet. «Aus der Betrachtung der Vorlagen ergibt sich», belehrt uns ein Kenner der Materie, «daß Bettine einen Originalbrief Carolinens [zu Publikationszwecken] zerstückt und in zwei Fällen Briefe an andere Adressaten zu Briefen an die Günderode verarbeitet. Daraus darf die Annahme fließen, daß ein reiches Material nicht vorgelegen haben wird und daß selbst dieses mit denkbarster Willkür verwendet wurde.»[39] Aber Bettine bestätigt in einem späteren Werk, daß die Günderode sich ihr *unterwarf. Sie war Meisterin im stillen Hingeben und Sich-selbst-Verleugnen... Nie hat sie eingegriffen in meine Eigentümlichkeit, die doch so absonderlich war und der damaligen Zeit so auffallend und ihrer eignen Natur so entgegengesetzt.*[40]

Von Creuzer erzählt Karoline der Bettine nur nebenbei etwas; sei's, daß sie sich geniert, sei's, daß sie Indiskretionen der ihr «schwatzhaft» Vorkommenden[41] verhindern will. Andere flüstern Bettine zusätzliche Informationen ins Ohr, die sie nicht zu glauben vermag. Da plaudert Karoline eines Tags aus, sie habe von einem Chirurgen erfahren, wie leicht man sich durch einen richtig placierten Stich umbringen kann. *Sie öffnete hastig ihr Kleid und zeigte mir unter der schönen Brust den Fleck.* Ein Leid- und Streitgespräch entspinnt sich. *Und was soll ich denn tun, wenn Du tot bist?... «Ich werd' mich erst mit Dir entzweien.»* Bettine schreit laut auf, setzt sich auf Karolines Knie, küßt die an Selbstmord Denkende *zum ersten Mal an ihrem Mund*, reißt ihr das Kleid auf und küßt sie *an die Stelle*, wo sie *das Herz treffen* gelernt hat. Während einer neuen Begegnung kommt ein Dolch mit silbernem Griff zum Vorschein. Dann werden wir nach eher unernsten Anspielungen auf einen jungen Liebhaber, den Bettine der Unglücklichen verschaffen will, und auf ein testamentarisches Legat für Bettine Zeugen eines zumindest theaterwirksamen Wutausbruchs. *Sie lief in ihr Schlafzimmer hinter einen ledernen Sessel... Ich stach in den Sessel... «Eh' ich dulde, daß du dich umbringst, tu' ich's lieber selbst.» – «Mein armer Stuhl!», rief sie. «Ja was, dein Stuhl, der soll den Dolch stumpf machen.»* Das Zimmer ist eine einzige *Staubwolke*. Die Waffe fliegt polternd unters Sofa. Zuletzt gehen beide Hand in Hand in die Weinlaube. Nickend bestätigt Karoline, daß es ihr Ernst sei. Nach einem Zusammensein mit Creuzer, der in Marburg Savigny aufsucht – er macht dort Bettine durch den Anschein, daß er über Karoline verfügen kann, *aufs heftigste eifersüchtig* –, unternimmt die sich verletzt fühlende

Freundin einen letzten Versuch, sich mit Karoline auseinanderzusetzen. Aber Bettine wird *kalt*[42] abgewiesen. Sie passen nicht zueinander, stellt Karoline fest. Der Schlag sitzt. Wird er mit Bedacht ausgeführt, um Bettine oder um Creuzer zu schonen? Er selbst schreibt sich die Vertreibung Bettines zu, die er «egoistisch», «kokett», «faul» und unliebenswürdig schimpft.[43]

Zeitlich halbwegs zwischen Bettines *Sr. Königlichen Hoheit dem Prinzen Waldemar von Preußen* gewidmeten *Frühlingskranz* und ihrem Goethe geweihten Erstlingsbuch, von dem noch mehr die Rede sein wird, kam ihr Band *Die Günderode* heraus. *Den Studenten* zugeeignet – ein sowohl seelisches wie politisches Signal – schloß es mit einem Günderrodschen Gedicht, dessen klagender Ausruf «Wie das Glück mich hämisch lächelnd flieht» keiner Erklärung bedarf. Der unmittelbar davor stehende, in diesem Roman letzte an Karoline gerichtete Brief handelte von einem Rosenstock *mit siebenundzwanzig Knospen* (Karolines Tragödie ereignete sich in ihrem 27. Jahr!). Den Strauch, dessen Blüten die liebsten Studenten im Westenknopfloch tragen würden, hatte der kluge Marburger Hausierer Ephraim gezüchtet. Der Weise, der halb die Züge von Veilchens Großvater, halb die von Moses Mendelssohn zu tragen schien, gab Bettine Mathematikunterricht und – Ratschläge. *Man müsse nicht fürchten, daß, was man liebe, einem verlorengehn könne.* In Bettines vorletztem Schreiben – es ging auf Karolines Abschiedsgruß ein – erschienen Bettines Eltern. Beim Verlieren einer teuren Gefährtin schmerzte die Narbe aus der Kindheit. Bettine beschrieb, wie der Vater nach dem Tod ihrer Mutter im Dunkeln vor ihrem Bild trauerte. *Ich lief unwillkürlich zum Vater hinein und umhalste ihn und blieb still auf seinen Knien sitzen ... und er ließ sich von mir aus dem Zimmer führen.* Wie bei einer psychoanalytischen Behandlung durch Erinnerungseinfälle der an traumatischen Erlebnissen Leidenden unter günstigen Umständen ein relativ leicht erkennbares Mosaik entsteht, lieferte ein noch früheres Briefstück Bettines Erinnerungsbild, daß der Vater sie *am liebsten von allen Kindern* hatte. Erbat die Mutter etwas von ihm, *da schickte sie mich mit einem Billet zu ihm.* Bettine wollte *kaum zwei Jahre alt* gewesen sein und er sollte «*Mein liebes Kind, weil Du bittest, so sag' ich ‹ja, ja›*» eingewilligt haben. Das klang nicht so wahrscheinlich wie die ihr bei solchen Bittgängen fürs Langzeit-Gedächtnis mitgegebenen *italienischen Schmeichelnamen.* Aufs Vorhandensein einer Neurose deutete bei diesem Abstecher ins längst Vergangene auch das gegenwartsbezogene Flehen, das zu Karoline dringen sollte: *Wenn Du mir das Einzige schreibst: «Bettine, ich bin Dir gut», das wär' genug!*[44] Dem unstillbaren Hunger nach Liebesbeteuerungen, die als solche nur eine hingefallene Zweijährige trösten würden, werden wir auf Bettines steinigen Lebenspfaden wieder und wieder begegnen. Wiederholen wird sich auch die sinnvollere Praxis der Neurotikerin, aus verpfuscht erscheinenden Lebensphasen Literatur zu gestalten

Karoline von Günderrode. Lithographie von V. Schertle

und verlorene Freunde durch neue zu ersetzen. Bettine forderte nach ihrer Entzweiung mit Karoline ihre ca. 30[45] an sie gerichteten Briefe zurück und nahm *in peinlichem Mutwillen* die Rätin *Goethe statt ihrer zur Freundin.*[46] Deren Wohnung lag, wie Karolines Stift, am Frankfurter Roßmarkt.

Bettine konnte zwar mit Goethes Mutter bloß zusammenkommen, so oft sie sich nach 1806 im Elternhaus aufhielt. Dort war die gewöhnlich in *poetischer Ordnung*[47] auf dem Fußboden liegend Zeichnende der Hausfrau nur im Weg. Antonia hatte mitunter 86 Personen zu verköstigen. Schon vom Winter 1805/06 an lebte Bettine im Marburger Haushalt der Savignys. Besuche brachten sie zu Lulu und deren 1807 zum Hofbankier König Jérômes aufsteigenden Mann nach Kassel, dann abermals nach

Marburg, Frankfurt, Kassel und im Herbst des Jahres 1808 mit Savigny und dessen Familie in die bayerische Hauptstadt. Sie blieb bei seinen Kindern in München, als er einen Ruf nach Landshut annahm. In zwei von einem Geschäftsfreund des Familienchefs Franz, einem emigrierten französischen Adeligen, gemieteten Zimmern war sie somit nur bedingt «ganz auf sich selbst verwiesen»[48]. Zudem knüpfte sie mit dem ihr eigenen Spürsinn alsbald Beziehungen an.

Zu Ludwig Tieck beispielsweise, für Heinrich Heine «einer der tätigsten Schriftsteller» der alten romantischen Schule. Tieck hatte, Heine zufolge, von der italienischen Märchenkomödie, dem «heiteren Kinde der Lagunen», gelernt, doch von den Volksbüchern und Gedichten des Mittelalters «so viel eingeschluckt», daß er «fast wieder ein Kind wurde». Mit ihm stand Bettine seit seinem achttägigen Besuch in Frankfurt von 1807 auf Du und Du. Sie liebte seine Werke, hatte sein Bild in ihrer Wohnung. Auf ihr Auswerfen von Liebesangeln war er nicht eingegangen; um so lieber hörte sie ihn nun aus seinen Arbeiten vorlesen. *Ich kenne wenig Menschen, die durch ihren Geist so bestimmenden Einfluß auf mich haben als Tieck*, bekannte sie. *Er hebt meine Natur, die zum Teil durch eigne und fremde Zufälle sich oft verwühlt und vergraben hat, wieder hervor.*[49] Sie besuchte den gichtkrank und mürrisch Gewordenen manchmal tagelang, küßte ihn und sagte ihm – «die ärgsten Wahrheiten». Tiecks Neffe bemängelte später, «daß sie schon am frühen Morgen ‹in wunderlichem Aufzug› durch die Straßen und den Leuten ins Haus gelaufen und ‹nicht wieder wegzubringen› gewesen sei»[50]. Die von Novalis (Friedrich von Hardenberg) herkommende «lallende Einfalt», die Heine bei Tieck belächelte, fand in der seelisch dazu Neigenden nach ihrer Verheiratung diesen Widerhall. *Ich bitte Dich, guter, freundlicher Freund, sei wie ein Kind gegen diesen Mann* (Erzieher eines Herzogs), *dann brauchst Du keine Toilette zu machen und bist doch mit allen Reizen versehen.*[51]

Regen Verkehr pflegte Bettine ferner mit dem Philosophen und Präsidenten der Königlich Bayerischen Akademie der Wissenschaften Friedrich Heinrich Jacobi. War sie nicht wie sein «Geistesbruder Goethe» durch «bestimmte Kindheitstraumata» dazu prädestiniert, Jacobis Romanfragment «Freundschaft und Liebe»[52] in sich aufzunehmen? Jedenfalls ergab die Beziehung ein weiteres feuriges Selbstzeugnis. *Es hat mich zuweilen mit schneller Ahndung vor dem Antlitz eines Menschen eine Liebe ergriffen, die ich nicht zu deuten wußte ... Lassen Sie sich den Frühling meines Herzens wohlgefallen und gönnen mir freundlich die gute Wirkung, die es zeitlebens auf mich haben wird.* Bettines und Jacobis Hände ruhten oft «unbewußt freundlich beim Gespräch ineinander»[53]. Der Wonnemond war allerdings schnell vorbei. Kritische Äußerungen über sie, Goethe und Arnim verursachten wohl Entfremdung; zuletzt schnitt Bettine Jacobi ganz.

Ludwig Tieck.
Bleistiftzeichnung von Wilhelm Hensel

Spannungen unterhöhlten ebenso den Kontakt zum Ehepaar Friedrich und Caroline von Schelling. Der bedeutende Philosoph, mit Tieck, bei dem er Bettines Bekanntschaft machte, einer der letzten Mohikaner des frühromantischen Freundeskreises, trug wie sie «den utopischen Impuls der Frühromantik» weiter. Caroline, die den Kalauer von der «Ange-Brentanorei» (angebrennt-Brentano) übernahm, verhöhnte nicht bloß «Clemens-Demens» (Clemens den Verrückten). Sie stach die ihre Goethe-Briefe herumzeigende Bettine mit dem Trumpf, daß ihr in einer ihrer, Carolines, Freundinnen eine erfolgreichere Nebenbuhlerin um Goethes Freundschaft entstand. Bettine, meinte Caroline, sehe aus «wie eine kleine Berlinerjüdin», stelle sich auf den Kopf, «um witzig zu sein». Wie konnte ein geistreicher Mensch «so verkehrt und verreckt und ge-spannt»[54] sein! Die ihre ersten Erfahrungen unter den Arrivierten sam-melnde Bettine hatte weniger Schwierigkeiten, als sie im Herbst 1809 ins provinzielle Landshut umzog. Im Hause ihrer Verwandten wurde sie na-

Bettine. Bleistiftzeichnung von A. Off

mentlich jüngeren Semestern gegenüber «unbestrittener weiblicher Mittelpunkt des geselligen Lebens»[55].

Der Jurastudent Max Prokop von Freyberg, vier Jahre jünger als Bettine (d. h. zwanzig), war mit einem Kommilitonen zu Professor Savigny eingeladen worden. «Da er [der Professor] zuerst zu tun hatte, so führte uns die Bettine unterdessen in ihr Zimmer. Mir hat das viel Vergnügen gemacht. Sie hat uns schöne Gemälde gezeigt und richtig über Kunst gesprochen. Auch hat sie etwas ganz eignes Altertümliches, Heiliges in ihrem Äußern.»[56] Das vertraute der mit einem dreijährigen Hofstipendium bedachte ehemalige Page seinem Tagebuch an. (Bettine solle sich durch «gegen den Himmel geschlagene Augen und altdeutsche oder flandrische Tracht»[57] auszeichnen, belächelte sie Caroline.) Als Savigny 1810 seine Berufung nach Berlin bekanntgab, stieg die zunehmend umworbene Schwägerin des von Freyberg vergötterten Lehrers zur Idealfigur auf. «Gott, Herr der Heerscharen», betete er, «laß' uns diesen Vater, laß' mir diesen Engel!»[58] Tagebuchgeständnisse und ein allerdings bald einseitiger, vier Dekaden anhaltender Briefstrom zeugten «vom beglückenden Einverständnis der letzten Tage in Landshut» – mit ihrem Necken und Balgen, Blicke-Zuwerfen, Schweigen und Händedrücken. «Sie neigte ihr Haupt ganz zu dem meinen herüber. Aber meine Seele ist stark geblieben.» Bettine erzählte ihm «die Mythe von Castor und Pollux», die ihren «Bund» im Anblick des Sternbilds der Zwillinge verewigen sollte. Die beiden saßen nebeneinander auf dem Reisewagen, separierten sich von denen, die den scheidenden Gelehrten eine Strecke begleiteten, weinten gemeinsam, schworen sich briefliche Treue, bei der Bettine das feste Element zu sein vorhatte.

Der hier ohne Absätze des Originals wort- und interpunktionsgetreu wiedergegebene erste Brief (aus 28 erhaltenen) von Castor-Bettine *An Herrn Baron Max von Freiberg in Landshuth* (er schrieb ein halbes Hundert Briefe) erwies Bettines pädagogischen Eros. *Nur um Ihnen und mir die verfloßne Zeit wieder nah zu rücken, schreib ich, denn ich habe nichts anders, nichts mehr zu sagen als damals; Ihr Begehren bleibt das meine, was Sie begeistert, begeistert mich auch, und i c h, l i e b e, w a s S i e l i e b e n Alles was ich sagen könnte, kann ich nicht schreiben ich wollte wir wären bei einander, nur darum daß mirs leichter würde wenn ich bei Euch bin fühl ich mich besser, stolz, leicht, Kräftig hier die Menschen machen mich so müde, daß ich den Mund nicht aufthun mag. mir ist es so lieb, daß Sie nicht so abgebildet sind, so fertig wie andre bleib nur immer so, halt dich nur wie ein Baum dem Gott die Ungewitter zum Scherz und Zeitvertreib schickt – Ich kann nicht schreiben, ich erinnnere mich der Zeit da ich Ihnen mit den Augen mehr sagen konnte als jetzt mit dem besten Willen; Dencken Sie, daß ich oft mitten im Gewühl der Menschen, meinen Blick allein auf Sie richte, daß Ihr Vertrauen wie eine feste Säule in meiner Brust aufgerichtet ist – Die Nacht mit tausend Sternen ist unsere Zeit, wo es uneben und Steil ist (wie*

Max Prokop von Freyberg. Anonymes Ölgemälde

auf dem Geißberg) da reichen wir einander die Hände; wenn der eine stirbt so lebt er im andern fort Schluß als PS: *in 8 Tagen, hoff ich in Prag zu seyn Die Veilgen Trag ich immer noch auf dem Herzen in der Nacht leg ich sie unter mein Kopfkißen.* Pollux jubelte. «Ich fand bei meiner Ankunft einen Brief von B. – Ganz mit ihrer großen göttlichen Seele geschrieben. Das hat mich wieder getröstet und hochgetragen, daß ich nicht fühlte, wie es hier leer sei und mir so viel abgehe.»[59]

Noch 1816, 1820, 1845, 1850 schrieb Freyberg an Bettine zu ihrem Namenstag. Stets hatte er ihre Briefe zur Hand, sogar auf Reisen. Wie Bettine es anderen gegenüber tat, bettelte er förmlich um ein paar Worte von ihr, nachdem sie 1814 grundsätzlicher Ansichtsverschiedenheiten halber das Antworten eingestellt hatte. Im Herbst 1843 kam es zu einem Wiedersehen der nunmehr Achtundfünfzig- bzw. Vierundfünfzigjährigen. Er saß jetzt im Vorstand des Reichsarchivs, in der Bayerischen Akademie der Wissenschaften, in der Abgeordnetenkammer, vertrat zeitweilig den Innenminister. Was mag befremdlicher gewirkt haben: die unveränderte Mentalität des königstreuen (und dennoch eines Tages alle Ämter verlierenden), tiefreligiösen Herrn auf die im Vormärz in den Häusern der Oppositionellen Anzutreffende oder ihre «zwar originelle, aber ziemlich vernachlässigte äußere Erscheinung»[60] auf den korrekten Beamten? Zwei Monate vor seinem Tod rang er sich ein letztes Stoßgebet ab. «Der heutige Tag mahnt mich, gewaltig zurückzudenken an die verflossenen Jahre, an die Stunden, in welchen wir eine so ernste Zukunft ins Auge faßten, in denen wir in eine Sternennacht hinausschauten, der ein herrlicher Sonnentag folgen werde, dessen Pracht die Völker segnen würden. Aber eine Reihe von wolkenumdüsterten Jahren ist dahingeflossen. Alles ist schlimm und immer schlimmer geworden und die Strafgerichte Gottes melden sich. O, daß Sie den Ernst dieser Stunden recht zu Herzen nähmen! Überall von der Welt zurückgewiesen, gehe ich vertrauensvoll den Weg meiner heiligen Kirche dem Erlöser entgegen. O, daß Sie mit mir gehen, das ist mein Wunsch und Gebet...»[61] Doch Wunsch und Gebet blieben unerhört.

Ein halbes Jahr vor Freybergs Abschied, Ende Mai 1850, erschien in der «Urwähler-Zeitung» des zu vier Monaten Gefängnis verurteilten Berliner Publizisten Aaron Bernstein ein Leitartikel. Soeben hatte ein Artillerist König Friedrich Wilhelm IV. leicht verletzt, der als Repräsentant der gegenrevolutionären Partei verantwortlich war für die Wende von der demokratischen Erhebung des deutschen Volks 1848/49 zur Fortsetzung des aristokratischen Regimes. Demokratische Wortführer wurden durch Haussuchung, Verhaftung und Verleumdung bedrängt. *Fährt diese* [reaktionäre] *Partei fort, den Wahnsinnigen* [den Attentäter] *zum Märtyrer zu machen, verbreitet sie die Lüge, daß es eine Demokratie gibt, die solche Taten gutheißt, ja, sie gar mit der Palme des Heldentums belohnt, nun, dann wird sie der wirklich Wahnsinnigen genug finden, die ihre Lüge für Wahrheit nehmen, und die ihren natürlichen Wahnsinn in ein politisches Märtyrertum hineinflüchten.*[62] Wer stand hinter diesem anonymen Artikel? Wer beschützte die Demokraten vor reaktionären Beschuldigungen? Wer warnte davor, daß solche Vorwürfe die mit Waffengewalt um ihre freiheitlichen Hoffnungen betrogenen Revolutionäre zum Radikalismus antreiben könnten? War es, wie anzunehmen ist[63], eine Witwe mit sechs (überlebenden) Kindern – Bettine? Der Cassandra-Ruf erscholl jedenfalls zu Recht. Ein Jahr zuvor hatte Karl Marx in der letzten, rotgedruckten Ausgabe der «Neuen Rheinischen Zeitung» (Organ der Demokratie) gedroht: «Wenn die Reihe an uns kömmt, wir werden den Terrorismus nicht beschönigen.»[64] Friedrich Engels hatte eine konkrete Drohung aus-

(Zweiter   Haupt-Expedition: Spandauerstraße Nr. 76.   Jahrgang.)

Urwähler-Zeitung.

Organ für Jedermann aus dem Volke.

Erscheint täglich, mit Ausnahme der Tage nach den Sonn- und Festtagen. Preis pro Woche 1 Sgr. 3 Pf. Inserate pro Petitzeile 2 Sgr. Diejenigen geehrten Abonnenten hier, welche die Urwähler-Zeitung früh Morgens pünktlich zu erhalten wünschen, zahlen wöchentlich 3 Pf. Botenlohn. Auswärtige wenden sich an die ihnen zunächst belegenen K. Postämter und zahlen (incl. des Postaufschlags) vierteljährlich 20 Sgr.

№. 122.   Berlin, Mittwoch, den 29. Mai.   1850.

Sie trägt die Schuld.

Die ministerielle Presse sagt: Freilich ist der Mordversuch Sefeloge's eine That des Wahnsinns, die juristisch Keinem aus der Volkspartei zur Last gelegt werden kann; allein, daß der Wahnsinn jetzt eine solche Richtung nimmt, das ist die Schuld der gesammten demokratischen Partei. Sonst hat ein Wahnsinniger sich eingebildet, er sei König; jetzt — und das ist ist die Schuld der Demokratie — bildet er sich ein, er müsse Königsmörder werden.

Es liegt etwas Wahres in dieser Behauptung; nur der Schluß, den die ministerielle Presse daraus zieht, ist falsch. Es ist wahr, die Wurzeln des Königthums sind im Volke in einer sehr bedauerlichen Weise geschwächt. Wir haben stets unverhohlen in diesen Blättern für die monarchische Verfassung, gegenüber republikanischen Bestrebungen, Partei ergriffen; man wird es uns darum um so mehr glauben, wenn wir sagen: Das Königthum ist im Volke in sehr hohem Grade erschüttert. — Aber das sind wir der Wahrheit zu bekennen verpflichtet: **die Schuld hiervon trägt die Reaktion.**

gestoßen. «Das ganze infame, heuchlerische, verfaulte, feige und doch übermütige Bourgeoistum aber wird von den endlich klug und einig werdenden Proletariermassen in den glühenden Krater als unbetrauertes Sühneopfer hinabgestürzt werden.» Der preußische Ex-Beamte Karl Heinzen – Bettine besaß seine glühendste antipreußische Schrift – erdachte «Bombenangriffe auf alle Monarchen». Er soll sogar «zwei Millionen Köpfe»[65] gefordert haben.

Doch wir sind Bettines Entwicklung zur aktiven Politikerin vorausgeeilt. Noch bevor der Page 1807 mit dem Landshuter Studium begonnen hatte, vermerkte Goethe in seinem Weimarer Tagebuch lakonisch: «Mamsell Brentano»[66]. Parallel zu dem lange der Öffentlichkeit verborgenen Kapitel Freyberg lief eins, das Bettine berühmt machte.

Gesichtsmaske Goethes.
Von Karl Gottlob Weisser, 1807

Goethes «leidige Bremse»

Der 23. April 1807 ist ein roter Tag in Bettines Lebenskalender. Durch Drängen und Drohen, sie wolle «als Knabe sich verkleiden, zu Fuß nach Weimar laufen», erreicht sie von ihren Angehörigen, daß sie Goethe ein paar Stunden – sie behauptet hinterher drei bzw. vier [67] – anstaunen darf. Einen Augenblick lehnt sie sich anscheinend fast ohnmächtig an seine Schulter. Goethe, ersichtlich gerührt, schenkt der Tochter seiner einstigen Liebe einen antiken Ring. Anfang November des Jahres hält sie sich mit der Familie zehn Tage in Weimar auf. Bei einer von diversen gemeinsamen Mahlzeiten «spaßt» Friedrich Wilhelm Riemer, Oberbibliothekar und Sekretär des Meisters, vorheriger Hauslehrer seines Sohns August, «über Tisch» [68] mit Bettine. Goethe ist einmal nach Tisch allein mit ihr. [69] Er nimmt sie mit ins Theater, geht aber vor ihr weg.

Um dem längst «Geadelten und Erkalteten» [70] näherzukommen, gibt es für Bettine nichts Besseres, als ihr freundschaftliches Verhältnis zu seiner Mutter weiter auszubauen. Die ist beim Fortgang ihres Sohns nach Weimar vor zehn Jahren allein in Frankfurt zurückgeblieben. Ihre Einladung an Bettine vom Mai, bald wiederzukommen, ist unterzeichnet «Deine wahre Freundin Elisabetha Goethe». Mitte Juni schreibt sie als «deine dich hertzlich Liebende Mutter Goethe» [71]. Dieser zweite unbezweifelte Originalbrief von Elisabeth an Bettine umreißt ihre nachbarliche und mütterliche Rolle und die Funktion, welche sie ihrem Wolfgang zuteilt. Er soll Bettines liebevoller Bruder und Freund werden. «Liebe Liebe Tochter!» beginnt der hier ohne Modernisierung von Rechtschreibung und Zeichensetzung wiedergegebene Plan der Rätin, «Nenne mich ins künftige mit dem mir so theuren Nahmen Mutter – und du verdinst ihn so sehr, so gantz und gar – mein Sohn sey dein inniggeliebter Bruder . . . dein Freund – der dich gewiß liebt und Stoltz auf deine Freundschaft ist». Christiane, seit einem Dreivierteljahr die Schwiegertochter, hat ihr die Zuneigung Goethes zu Bettine schon signalisiert. Elisabeth freut sich auf Bettines Wiederkommen und wird mit ihr schwatzen; Schreiben ist nicht ihr Fall. Als Vorschußneuigkeit erzählt sie von der Kritik eines Werks «unsers größten Dichters», welchem der Rezensent mit «Iphigenie» und «den Leiden des Jungen Werders» (Schreibweise Frau Ajas) Unsterblichkeit vorhersagt.

Brief von Goethes Mutter an Bettine, 13. Juni 1807

Bettine serviert Goethe brühwarm die Komplimente der Mutter, um nach einigen Zeilen des Zweifelns und Zögerns in theatralischer Abkehr von deren Regieanweisung eine stürmische Liebeserklärung abzugeben. Die Verantwortung für das Wagnis schiebt sie weit von sich fort. *Auch darf ich mich nicht scheuen, diesem Gefühle mich hinzugeben,* begründet sie ihren Sturmangriff, *denn ich war's nicht, die mir es in das Herz pflanzte. Ist es denn mein Wille, wenn ich plötzlich aus dem augenblicklichen Gespräch hinübergetragen bin zu Ihren Füßen? Dann setze ich mich an die Erde und lege den Kopf auf Ihren Schoß, oder ich drücke Ihre Hand an meinen Mund, oder ich steh' und halt' mich fest am Hals, und es währt lange, bis ich eine Stellung finde, in der ich verharre. Dann fang' ich an zu plaudern, wie's meinen Lippen behagt. Die Antwort aber, die ich mir in*

Ihrem Namen gebe, spreche ich mit Bedacht aus: «Mein Kind! Mein artig gut Mädchen! Liebes Herz!» sag' ich zu mir, und wenn ich denn bedenke, daß Sie vielleicht wirklich es sagen könnten, wenn ich so vor Ihnen stände, dann schaudre ich vor Freude und Sehnsucht zusammen.[72] Lieber will sie begraben sein, gipfelt der den Dichter zu einem Zwitter von Papa und Romeo modelnde Liebesantrag, als statt von dem ersehnten *Wein* immer weiter *hartes, geistloses Wasser* schlucken zu müssen. In einem Anfang Dezember 1807 geschickten Brief Bettines regiert bereits (wohl mit Goethes Erlaubnis) das «Du». Sein offen eingestandener Zweck: *Einzig um wieder mit Dir allein zu sein* – wie bei der ersten Gelegenheit, bei der sie vor Erregung überhaupt nichts Richtiges zu sagen gewußt hat. *Soll von Liebe nicht die Rede sein?* (Die Frage verrät, daß Goethe den Ausfall pariert hat.) Bettine ist kein Insekt, das sich leicht verscheuchen läßt. *Und wenn Dein Sinn wäre von Stein wie Dein Bildnis, so müßte ich doch rufen: «Umarme mich, weißer Carrarischer Stein!»*[73]

Ein Echo des Marmors von Anfang 1808 verharrt unnachgiebig beim Siezen. Die Wortwahl des eigenhändigen Schreibens von Goethe spiegelt aber immerhin einige von Bettines Wendungen wider. Ist er von ihr außerdem noch als *Gott auf dem Altar* angehimmelt worden, so wird sie von ihm als «wahrer kleiner Christgott», das heißt Weihnachtsgeschenke bringendes Christkindchen, angesprochen. Verdeckt hat er die von ihr angelangte Schachtel dahin getragen, «wo Sie auch einmal saßen», hat zuerst August aus dem angekommenen «schönen Glase» zugetrunken, dann dessen Ex-Lehrer «mit Kreuz und [Geld-]Beutel beliehen» und ein für den Hausherrn bestimmtes Besteck gezeigt, bis die Hausfrau «verdrießlich» geworden ist. Sie hat befürchtet, leer auszugehen. Nach einer genüßlich hinzugefügten zusätzlichen Geduldsprobe ist ihr dann der von Bettine für sie bestimmte «Gewandstoff» überreicht worden – «ein Fest, als wenn Sie eben selbst wiedergekommen wären». Goethe erkundigt sich nach den «Unterhaltungen» Bettines mit der Mutter, lädt sie zum baldigen Wiederschreiben ein und verabschiedet sich mit der von Bettine soufflierten Liebkosung «Adieu, mein artig Kind»[74]. Ende Februar spricht er sie als «liebe kleine Freundin» an, warnt davor, ihn mit Paketgaben zu überschwemmen, bittet aber um gewisse jüdische und christliche philanthropische Broschüren, auf die er Anfang April zurückkommt. Dann wird Bettine gebeten, den «schwarzäugigen und braunlockigen Jüngling», der die Post überbringt – seinen August –, bei «Geschwistern und Verwandten» einzuführen, und ihr danach gedankt «für die gute Aufnahme des Sohns» auf der Reise zur Universität Heidelberg sowie für ein Christiane übersandtes Osterfestkleid. Diktiert, wie die vorangehenden Mitteilungen, schlägt ein Maiengruß Goethes vor, Bettine möge ihn brieflich in seinem Kurort Karlsbad besuchen. Ein ebenfalls diktiertes Schreiben von dort vom Sommer übermittelt unter anderem der «vortrefflichen kleinen Freundin» Dank für ihre Briefe und Sendungen erlesener

August von Goethe. Kreidezeichnung
von Joseph Schmeller, um 1823

Früchte. Von eigener Hand ist dagegen eine Ende Februar 1809 in Weimar abgehende – man muß schon sagen – Botschaft Goethes. Sie schaltet vom «Sie» auf «Du» um, was Bettines spätere Darstellung Goethe schon früher tun läßt, erwartet aber offenbar von Bettine, das Verhältnis nach dem inzwischen eingetretenen Tod der Frau Rat auf strikt freundschaftlicher Basis zu halten. «Laß uns von Zeit zu Zeit ein Wort vernehmen, es tut immer seine gute und freundliche Wirkung, wenn auch der Gegenhall nicht bis zu Dir hinüberdringt. Meine Frau, höre ich, hat Dich eingeladen. Das tu' ich nicht, und wir haben wohl beide recht. Lebewohl, grüße freundlich die Freundlichen und bleib' uns B e t t i n e, Adieu!»[75]

Diese Resignation des Sechzigjährigen – Bettine sieht es sicherlich treffend als solche an – wird von der vierundzwanzigjährigen Briefpartnerin verworfen. *Wer resigniert und sich zusammennimmt, der beweist nur, daß er mehr tot als lebendig ist. Ich bin aber nicht tot. Ich habe einen festen, starken Willen, bis in Ewigkeit – und was hast Du dagegen? – Dich zu lieben.* Sie frage nicht, ob's ihm behage, schließt sie ein andermal, setze sich auf seine Knie, umschlinge seinen Hals, küsse seine Augen, bis er

44

ganz blind sei, und so fort. Diese und andere Intimitäten nimmt Goethe indirekt hin. Zwei handgeschriebene Absätze aus Jena vom Herbst des Jahres, nach mancherlei diktierten Ausführungen über Kunstangelegenheiten, bringen sein Eingehen auf «Ihren vorigen lieben Brief» (im öffentlichen Teil wird gesiezt). Dann: «Deine Briefe machen mir viel Freude, fahre fort, an mich zu denken und mir etwas von Deinem wunderlichen Leben zu sagen.» Nur vier Tage vergehen, und Goethe zeigt den Empfang der Kopie eines Albrecht Dürer-Bilds an, das ihm «in Deinem Namen» ein «guter Wintergeselle» in Weimar sein wird. Bald besitzt Goethe auch «das interessante Bettinchen» in einer Radierung von der Hand Ludwig Emil Grimms, die er sogleich aufzieht, rahmt und, als er Anfang November eigenhändig dafür dankt, vor sich stehen hat. Er beneidet den ihr von Achim von Arnim gewidmeten, «etwas korpulenten Wintergarten»-Sammelband, den Bettine auf dem Bild an sich drückt, um «seine Stelle»[76]. (Clemens findet nicht den Band, sondern die Porträtierte zu üppig. Grimm habe ihr «eine neunmonatliche [!] Schwangerschaft angedichtet»[77].) Im Karnevalsmonat 1810 rühmt Goethe das Christiane von Bettine zugegangene Maskenkostüm als «eine Glücksbombe». Der Dank feiert ihre «nie versiegende Liebe». Selbst geschrieben und mit einem Amor gesiegelt ist endlich die Nachricht von Goethes abermaliger Karlsbader Reise. «Deine Brief[e] wandern mit mir, sie sollen mir dort Dein freundliches, liebevolles Bild vergegenwärtigen.» Doch Bettine will nicht per Papier, sondern persönlich vertreten sein. Sie fährt nach Böhmen.

Bettine, mit Achims «Wintergarten» im Arm.
Radierung von L. E. Grimm, 1809

Ein paar Zeilen, die sie auf der Rückfahrt von Karlsbad in Dresden erreichen sollen, deuten darauf hin, daß Goethe diplomatisch, doch energisch literarische Zärtlichkeit durch literarische Tätigkeit zu sublimieren gedenkt. «Deine Briefe, allerliebste Bettine», schreibt er, «sind von der Art, daß man jederzeit glaubt, der letzte sei der interessanteste. So ging's mir mit den Blättern, die Du mitgebracht hattest, und die ich am Morgen Deiner Abreise fleißig las und wiederlas. Nun aber kam Dein letztes, das alle die andern übertrifft. Kannst Du so fortfahren, Dich selbst zu überbieten, so tu' es! Du hast so viel mit Dir fortgenommen, daß es wohl billig ist, etwas aus der Ferne zu senden. Gehe Dir's wohl!» Im Herbst 1810 verfestigt das auf Literarisches ausgerichtete Lebewohl sich zu der aus Weimar nach Berlin gehenden Bitte Goethes um Hilfe bei seinen geplanten «Bekenntnissen». Druckseitenlang sprudelt daraufhin die von Bettine angebohrte Quelle für seine Memoiren, vom *Wochenbett Deiner Mutter* angefangen, dermaßen reichlich, daß der in äußerster Kürze schreibende Autor drängt: «Laß mich nun bald taufen!» Der Urfassung der lustigen Geschichte vom Streich des kleinen Wolfgang im ersten Teil von «Dichtung und Wahrheit» (*...erwischte ein Geschirr und warf's zum Fenster hinaus...*) gesellt sich ihr suggestiver Befehl hinzu: *...laß Dir ein einheimischer Gedanke sein, daß Du mich wiedersehen wolltest.* Zwei Wochen später bekräftigt sie den ihm im reizenden nordböhmischen Thermalbad Teplitz gestandenen *ewigen* Genuß der Erinnerung an seine *Jugend.* Sie hat ihm aber auch ihr bevorstehendes Verlöbnis anvertraut. Darauf zielt Goethes Wunsch vom Jahresanfang 1811, es möge «alles, was Du gelobest und Dir gelobt wird, Glück und Segen bringen»[78]. Genau zwei Monate nach ihrer Hochzeit verkündet Bettine Goethe, daß sie ihn im Sommer sehen werde. Nach jener Begegnung sollen aber Jahre vergehen, bis sie ihn wiedersieht. Goethe beschränkt sich darauf, im 1815 erscheinenden Sonettzyklus «auch Motive aus Briefen»[79] Bettines zu verwenden.

Im Empfehlungsschreiben für einen mit den bekanntesten griechischen Freiheitskämpfern verschwägerten Jüngling wird Bettine 1825 nach einem distanziert klingenden Anfang in einen rhapsodischen Jauchzer ausbrechen: *Stolzer Leib! Herrlicher Geist, Hort der Schönheit! Fassen und Fühlen, Schwimmen in Seligkeit, Untertauchen in ihr, Küssen, Beten, Versinken, alles hast Du mich gelehrt; und nur in Dir hab' ich's begriffen.* Sie wird Goethe im Herbst des davorliegenden und im Herbst des nachfolgenden Jahres besuchen, ihn beim längeren Weimar-Aufenthalt täglich mit schriftlichen Beichten umschwirren. *Ja, ich bin frevelhaft, ich sündige, daß ich Dich umtanze wie eine Mücke das Licht und mir einbilde, ich könnte mehr davon haben, als eine Mücke vom Licht hat.* Als nächster Postillon wird der zwanzigjährige, spätere Mitbegründer der Düsseldorfer Malerschule Julius Hübner zum Überbringer ihrer empfehlenden Einführung. Sie endet mit einem Moskitostich: *Nun grüße ich die Deinen*

Goethe. Ölgemälde von Franz Gerhardt von Kügelgen, 1810

tausendmal und auch Dich, weil Du das Küssen verboten. Durch einen Homöopathen, der Mitte Mai 1828 als Empfehlungs- und Klage-Briefträger fungiert, wird sie sich zu einer Art glückloser Diana emporstilisieren. Es habe eine Zeit gegeben, wo sie sich für unwiderstehlich hielt, *und wo ich glaubte, mit meinem Flehen Dich zu überwinden, aber ich habe nichts erjagt*[80]. Im August 1830 wird sie auf der Reise nach Frankfurt in Weimar nicht empfangen werden – «Frau v. Arnims Zudringlichkeit abgewiesen»[81], wird in Goethes Tagebuch verzeichnet sein –, doch wird deswegen ein bildlich gemeinter Kniefall nicht unterbleiben vor dem Herd, *von dessen Gluten meine Liebe genährt, meine Phantasie entzündet, an dem meiner Jugend Götter heimisch waren.* Ungeachtet der Abweisung wird sie auch auf der Rückreise wieder bei Goethes anklopfen – beide Male wer-

Warum stehen sie davor?
Ist nicht Thüre da und Thor?

Kämen si...
Würden w...

Im Verlag von Mensch & Abel in Dresden.

den künstlerische Geschenke nicht fehlen. Diesmal wird ihre schriftliche Klage zutreffend beginnen: *Mein Geschick ist tragisch.* Einem Schrei der Verzweiflung vom Anfang März 1832 aus Berlin wird zwei Tage darauf durch ihren Sohn Siegmund in Weimar Gehör verschafft werden: *Alle Menschen, die mich näher kennen, haben mich lieb; kennst Du denn mich gar nicht mehr?* Der Brief ist mit einer Feder-Vignette von Karl Friedrich von Rumohr geschmückt – eine Zeichnung, *an meinem Schreibtisch gemacht, wie die vor zwanzig Jahren*[82]. Glücklicherweise wird das Kind des «Kinds» nicht abgewimmelt: fünf Tage bleibt «ein junger von Arnim»[83] am Frauenplan. Er ist der letzte auswärtige Gast. Die ihm ins Stammbuch mitgegebenen Zeilen «Ein jeder kehre vor seiner Tür...» spiegeln das Zerwürfnis mit Bettine wider. Am vorletzten Aufenthaltstag erkältet sich Goethe bei einer Spazierfahrt. Eine Woche danach stirbt er.

Goethes Wohnhaus am Frauenplan in Weimar. Stich von Ludwig Schütze nach einer Zeichnung Otto Wagners, mit Goethes faksimilierter Unterschrift

Anlaß zum Abbröckeln der Beziehungen – die tiefere Ursache ist nur zu ahnen – wurde ein Skandal. Bettines Briefe, soweit noch vorhanden und authentisch, verschweigen ihn. Unglücksdatum war der 13. September 1811, ein halbes Jahr nach Bettines Trauung. Die Jungvermählte litt unter Schwangerschaftsbeschwerden. Mit dieser Begründung blieb sie über die Feier von Goethes 62. Geburtstag – hierbei waren sie und Arnim die einzigen Gäste von auswärts – und über Achims Antrittsbesuch bei Hof hinaus in Weimar. Vom 25. August bis 12. September (einschließlich) speiste Bettine siebenmal bei Goethes. Taktvoll verheimlichte ihr Gastgeber seine dadurch entstandene innere Spannung, daß er gerade die ersten Bände von «Dichtung und Wahrheit», bei denen Bettine assistiert hatte, fürs bevorstehende Erscheinen fertigmachte. Christiane – die Klatschbasen des Residenzstädtchens mokierten sich ohnehin über die angeblich

Goethes Frau Christiane.
Gemälde von Rabe, 1810

leidenschaftliche Tänzerin, die gern ein Gläschen zu viel tränke – mochten die «rastlos tastenden Blicke»[84] der zwanzig Jahre Jüngeren irritieren. Der offenbar hauchdünn gewordene Geduldsfaden der beiden Frauen riß, als sie ohne Goethe durch eine Gemäldeausstellung wanderten. Für Christiane war der Ausstellende ein enger Freund ihres Manns, der Institutsdirektor Hofrat Johann Heinrich Meyer; für Bettine wohl einfach der «Kunschtmeyer». Pochte sie auf ihre unleugbare Überlegenheit im Bereich der Musen? Anscheinend zog Christiane ihr die Brille herunter (war es die Bettine zugeschriebene, snobistische grüne?), «zertrümmerte»[85] sie, schimpfte und verbot Bettine das Haus. *Blutwurst*[86], schnaubte die Verstoßene vor begierig Lauschenden – eine Anspielung auf Christianes Kolorit und Körperformen. Im Lichte einer zwar nicht auf Christiane gemünzten und ihr sicherlich unbekannt gebliebenen Provokation: *Ich kann nicht wollen, daß Du mich am liebsten hast, aber es soll sich niemand unterstehen, Dich so lieb zu haben wie ich*[87], wird der Schlagabtausch noch begreiflicher.

Nach fünfzehn Jahren ein neuer Zwischenfall, aufgezeichnet in den

Erinnerungen einer natürlichen Tochter König Jérômes. Diesmal wurde Goethe – er hatte Christianes Bann bis über deren schon 1816 erfolgten Tod hinaus verlängert – nach Bettines «halbwegs harmonisch verlaufenem Besuch im Sommer 1826»[88] durch eine «Klatscherei»[89] über seine Schwiegertochter Ottilie dermaßen verstimmt, daß er Bettine endgültig sein Haus verschloß. Ungeachtet ihrer hier, wie vordem, bekundeten Absicht, sich zu entschuldigen. Seitdem war für Goethe aus einem libellenhaften Spiegelbild seiner eigenen Jugend eine brummende, stechende, nicht loszuwerdende Viehfliege geworden. «Diese leidige Bremse», eröffnete er Großherzog Carl August, «ist mir als Erbstück von meiner guten Mutter schon viele Jahre sehr unbequem. Sie wiederholt dasselbe Spiel, das ihr in der Jugend allenfalls kleidete, wieder, spricht von Nachtigallen und zwitschert wie ein Zeisig.»[90] Wie La Fontaines Fabel vom Fuchs vor den allzu hoch hängenden Trauben klang hierzu: *So außerordentlich war ich gar nicht in Goethe verliebt.*[91]

Drei Monate vor Goethes Ableben trifft Bettine im Berliner Salon von Karl August Varnhagen auf den mit ihr gleichaltrigen Hermann Fürst Pückler-Muskau. Seine vor zwei Jahren veröffentlichten «Briefe eines Verstorbenen», «eine neue literarische Form in Deutschland», haben ihm Ruhm verschafft. Da Bettines Trauerjahr für ihren plötzlich gestorbenen Mann beendet ist, darf der Fürst «heftig ihre Freundschaft»[92] suchen. Unmittelbar nach Goethes Tod streut er ein Samenkorn aus für eine künstlerische Gestaltung des Goethe-Erlebnisses der neuen Freundin. «Du bist eine echte Dichterin – und schöner kann sich des Weibes Gemüt nicht auftun als in Deinen letzten Briefen. Fahre ja mit Goethe aus Deinem Leben fort und verschweige nichts; tue Dir auch nicht den leisesten Zwang an, schreibe, als sprächest Du zu Dir selbst; je schleierloser Du dastehst, je mehr kannst Du nur bei mir gewinnen!»

Der aus finanziellen Gründen von seiner mütterlichen Frau geschiedene, überall nach einer reichen Braut ausschauende Pückler scheint hinter dieser Saat als Voyeur versteckt zu sein. Er entspricht damit aber auch Bettines eigener Neigung zu literarischer Selbstentblößung. Bald hat Bettine auf Wunsch ihre Briefe an Goethe aus Weimar zurückerhalten, wird der Fürst – unter Einschaltung der Fürstin – darum gebeten, diese für sie zu edieren, bekommt er – wir sind mit Bettines Werben um Gunst vertraut – als Vorleistung ihren kostbarsten, aus Enttäuschung lange nicht mehr getragenen Schmuck – den ihr von Goethe verehrten Ring, der ein verschleiertes Weib zeigt. Pückler nimmt den Reif, nicht aber die nun ihm, wie vorher Goethe, winkende zusätzliche «Liebesgabe». Sie, macht der Gleichaltrige ihr klar, ist keine behende Achtzehnjährige mehr, darum seine Sklavin und nicht umgedreht er ihr Sklave. Betroffen paßt Bettine sich in ihrer ironischen Art an. *Deine mondsüchtige Sklavin wagt es, sich mit Klagen zu Dir zu wenden, Pückler!* Der Fürst – er erweist sich als weiblicher Teil in ihrer vierjährigen Korrespondenz – ermuntert sie als

Weitgereister mit anglisierter Namensform: «Komme diesen Sommer hieher ins Bad, liebe Betty.» Bettine, weiter auf seine Übernahme des Herausgebens spekulierend, schlägt vor, einige ihrer Briefe an ihn über Goethes Tod dem Werk anzuhängen, an dem sie unausgesetzt arbeitet, und Pückler das Ganze zu widmen. Um im Ambiente seiner Residenz an der Neiße zu schreiben, will sie, während er verreist ist, in seiner Nähe Quartier nehmen und inkognito *alle Wege durchlaufen, auf denen ich Dir* (im Neusthochdeutsch wäre hier hinzuzusetzen «normalerweise») *begegnen könnte*. Der Besitzer von Schloß Muskau hat aber krankheitshalber seine Reise abbrechen müssen. Er erfährt von Bettines Spaziergängen im Park, lädt sie ins Schloß ein, wo er sich mit der Ex-Gattin, einem Dichter und den Bediensteten aufhält. Bettine setzt trotz der Einladung eine Szene fort, die sie mit Goethe zu spielen begonnen hat. *Ich hab' nichts anderes vorzulesen als grad' das Heißeste, und das nur Dir, und nicht dem verdammten Novellendichter.* Pücklers Aufforderungen hält Bettine dennoch verführerische Gefühle entgegen: *Es brannte die Frühlingsglut einer verzweifachten Liebe auf meinen Wangen... Adieu, Tyrann!* Überraschend erscheint Bettine dann, liest Pückler, obschon er es listig zu verhindern bemüht ist, zum Befremden der Anwesenden aus ihrem heißen Manuskript vor und bekommt eine kalte Dusche von ihm in Gestalt eines Billets. Er sei ihr Freund, nicht ihr Liebhaber. Er regt eine Abkühlungsphase an und – für sie – das Ersetzen des zur Leidenschaft verleitenden «Du» durch die dritte Person Plural. Künftig soll sie ihn mittels ihrer Kritik veredeln. Wenig edel ist allerdings, daß er ihr ihre an ihn gerichteten Briefe über Goethe nicht prompt zur Einsicht leiht. Erkrankung verzögert abermals das Fertigstellen des Manuskripts.

Endlich ist es soweit. *«Goethes Briefwechsel mit einem Kinde»: so ist der Titel meines Buchs. Ach, es ist so zierlich, so unschuldig, so feurig, so bescheiden, so kühn, so naiv, so inspiriert; wie sollte das nicht erfreuen! Und ich meine auch, jeder müsse in meinen Enthusiasmus einstimmen, und dies alles schenke ich Ihnen, das freut mich doppelt. Nein, fürchten Sie nichts! Es ist gewiß schön, kein Übermaß, keine Lüge, alles schön.* Hierauf antwortet Pückler mit einem Blatt Papier, auf dem nur ihr Name und ein Ausrufungszeichen stehen. Das ergänzen später ein Goethe und Bettine als «Doppelstern» feierndes Gedicht, ein gedruckter Dank für das *Dem Fürsten Pückler* gewidmete Opus und die matte Schilderung: «Ich lese hier Dein schönes Buch, im blühenden Unkraut sitzend am Fuße des Parthenon... leb' wohl und denke mein wie ehemals, denn ich bin derselbe treue Freund.» – «Meine Freundin Gurli Bettina ist etwas wahnsinnig», meint er zuletzt.[93] Wieder ist ein streckenweise leidenschaftlich anmutendes Verhältnis wie ein Feuerwerkskörper verglüht. Sein brieflicher Widerschein bleibt ein Juwel. Er ist auch ein Musterbeispiel für «die saint-simonistische Futurologie der Kunst»[94]. *Die Höhen müßten rings belebt sein von Zeit zu Zeit mit Wohnhäusern, und inmitten einer grünen weitum-*

Fürst Hermann Pückler-
Muskau.
Stich von Th. John
nach einem Gemälde
von Franz Krüger

fassenden Welt müßten die Herden wandeln, und die glühenden Öfen der Töpfer müßten da oben sein... und da sollten mir Meiereien liegen in meinem Wiesengrund, und aus den Spinnstuben sollten mir Gesänge erschallen...[95] Pücklers Park als Wohn- und Produktionsstätte! Davon sagte das Goethe-Buch nichts, das binnen drei Jahren 81 Rezensionen hervorrief. Die erste Auflage (von 5000 ?) wurde innerhalb des ersten Jahres fast ganz abgesetzt.

Bewirkte den Erfolg der poetische Ausdruck dessen, was ein weibliches Gegenstück zum Ödipus-Erlebnis war – die Suche nach dem Liebhaber-Vater? *Ich umfaßte die Büste und küßte diese erhabene Stirn und diese Marmorlippen. Ich lehnte Wang an Wange. Da hob er mich plötzlich weg und hielt mich hoch in seinen Armen über seiner Brust; dieser Mann von sechzig Jahren sah an mir hinauf und gab mir süße Namen und sagte die schönen Worte: «Liebstes Kind, Du liegst in der Wiege meiner Brust». Dann ließ er mich an die Erde. Er wickelte meinen Arm in seinen Mantel und hielt mir die Hand an sein klopfendes Herz; und so gingen wir langsamen Schrittes nach Haus...*[96] Handelt es sich um Erdichtetes? Die Familienähnlichkeit des so dargestellten Auftritts mit der im Kinderbrief für

Peter Brentano suggerierten Vision ist verblüffend. «Historisch wahr ist, daß Bettine und Goethe sich... 1810 in Teplitz getroffen haben und einmal allein beieinander gesessen sind», urteilt der Germanist Werner Vordtriede. «Mir scheint auch wahr zu sein, daß er sie geküßt hat, und es mögen auch bedeutsame Worte gesprochen worden sein.» Vordtriede setzt vier Varianten eines seitenlangen Bettineschen Manuskripts nebeneinander.

Hier eine Probe der vierten kürzesten Fassung der Entwürfe – eine «der schönsten Liebesszenen deutscher Literatur»: *Es war in der Abenddämmerung im heißen Augustmonat. Er saß am offnen Fenster. Ich stand vor ihm, der Blick scharf ihm ins Auge gedrückt, wie ein Pfeil, blieb drin haften. Vielleicht weil er's nicht länger ertragen mochte, fragte er, ob mir nicht warm sei. Ich nickte. «So laß doch die Kühlung Dich anwehen», sagte er und öffnete meine Kleidung. Ich ward rot. Er sagt: «Das Abendrot hat sich auf Deine Wangen eingebrennt» und küßt mich auf die Brust und senkt die Stirne drauf. «Kein Wunder!» sagt' ich ganz leise, «meine Sonne geht mir im eignen Busen unter.» Er sah mich an, und waren beide still eine Weile. Er fragt': «Hat Dir nie jemand den Busen berührt?» – «Nein», sagt' ich, «mir selbst ist's so fremd, daß Du mich anrührst.»* Absatz. *Heftige Küsse.*[97] Dann rannte Bettine verwirrt und beglückt fort, um – eine der literarischen Schwestern Mignons – heimlich zurückzuschleichen und bei Goethe zu schlafen, das heißt auf einem Kissen am Fußende seines Betts auf dem Boden zu schlummern. Wie Goethe, der die Schläferin, Bettine zufolge, beobachtet und morgens zum Aufgeben der für beide riskanten Lage angespornt hatte, Frau Christiane den Sachverhalt in einem Brief nach Weimar schilderte? «Vor allen Dingen muß ich Dir ein Abenteuer erzählen», meldete er. «Ich war eben in ein neues Quartier gezogen und saß ganz ruhig auf meinem Zimmer. Da geht die Türe auf und ein Frauenzimmer kommt herein. Ich denke, es hat sich jemand von unsern Mitbewohnern verirrt; aber siehe, es ist Bettine, die auf mich zugesprungen kommt und noch völlig ist, wie wir sie gekannt haben... Sie hat mir Unendliches erzählt von alten und neuen Abenteuern.» Zwei Tage darauf: «Bettine ist gestern fort. Sie war wirklich hübscher und liebenswürdiger wie sonst, aber gegen andre Menschen sehr unartig.»[98] Irgendwo zwischen dieser kargen Aussage, dem Eingeständnis, Bettine habe «so viel» mit sich «fortgenommen», und ihren nicht ins Goethe-Werk aufgenommenen, doch deswegen nicht unbedingt als apokryph zu verwerfenden Ausschmückungen dürfte die Grenze von historischer und literarischer Wahrheit liegen.

Waren die beiden ersten Bände der Goethe-Trilogie echten und imaginären Briefen vorbehalten, so war Band III ein *zauberisch* poetisches *Tagebuch.* Einiges davon muß das von Goethe gelobte Mitbringsel gewesen sein. Da las man vom Handkuß nach der Rettung eines jungen französischen Verwundeten vor seinem Verfolger und seinem «richtigen» Kuß beim Abschied. Von dem mit einer blitzschnellen Ohrfeige bestraften Schmatzer des ihr unbekannten Freunds der Großmutter – es war kein Geringerer als Herder – und dem der Enkelin dann mittels eines Pfänderspiels abgetrotzten Bützchen. Von den ihr aufgedrungenen Wangenküssen des blinden Herzogs. Ein dazu gemachter Scherz mag ein späterer Einfall sein. Auf die Frage des Blinden, ob sie einem Beichtvater das Vorgefallene gestehen werde, wollte Bettine *naiv-schalkhaft* erwidert haben: *Wenn er glaube, daß dies dem Beichtvater Vergnügen machen werde, so wolle ich's ihm erzählen.*[99] Wie sagte Giordano Bruno, an dessen Manuskript sich Achim auf seiner «Cavaliers-Tour» erbaute? Se non è vero, è molto ben trovato (Wenn es nicht wahr ist, ist es doch sehr gut erfunden).

Das treue Weib

Bettine und Ludwig Achim von Arnim hatten mancherlei gemeinsam. Bettines Generation angehörend, empfing Achim die – im Kontrast zu ihrer Konfession protestantische – Taufe in der Berliner St. Marienkirche Mitte Februar 1781, knapp drei Wochen nach der Geburt – «am Todestage seiner Frau Mutter». Zusammen mit dem um zwei Jahre älteren Bruder, Karl Otto («Pitt»), kam er dann gleich zur fünfzigjährigen, verwitweten Großmutter Caroline von Labes. Deren wirtschaftlicher Tüchtigkeit war es zuzuschreiben, daß sie soeben dem von ihrem ersten Mann geerbten Gut Zernikow die Herrschaft Bärwalde mit Schloß Wiepersdorf (südöstlich von Berlin) hinzuzufügen vermochte. Dort sollten Bettine und Louis – wie man Achim in seiner Jugend französisierend rief – eines Tags gemeinsam einige Jahre zubringen. Louis' Vater, Joachim Erdmann von Arnim, zuerst Diplomat, zuletzt Theaterintendant Friedrichs II., ließ den Knaben monatelang ohne Antwort auf seine altklug-höflich abgefaßten Briefe und Bitten. Als Schüler des Joachimsthaler Gymnasiums in Berlin bekam Louis ihn manchmal ein ganzes Jahr hindurch nicht zu Gesicht. Obwohl sein alter Herr erst später, 1804, starb, mag es mit der faktischen Elternlosigkeit des Studenten Arnim zusammenhängen, daß ihn der Selbstmord des fleißigsten Schulkameraden, der als Hallenser Kommilitone nicht das erwartete Erfolgserlebnis hatte, ungemein bewegte. Er brachte den Selbstmörder nicht bloß sieben Jahre später – anläßlich des ihn ebenfalls erschütternden Freitods der Günderrode – Bettine gegenüber, sondern auch künstlerisch verarbeitet in diversen literarischen Arbeiten zur Sprache. Damals (Veilchens freiwillige Gehilfin war jetzt vierzehn) wandte Louis sich, neben seinen beachtlichen Experimenten auf dem Gebiet des Magnetismus, einer Untersuchung des Elends der Freiberger Bergleute zu.

Im darauffolgenden Göttinger Universitätsjahr lernte Louis 1801 unter anderen den angehenden Literaten Clemens Brentano und «Deutschlands Meister» der Literatur – Goethe – kennen. Ihm jubelte Louis, trotz des Verbots jeglicher Kundgebung, bei dessen Besuch ein dreifaches Lebehoch zu. Freundschaftlicher Umgang mit Angehörigen jener Familien Buff und Kestner, deren Verbindung den Dichter des «Werther» einst leiden ließ, bevor er sich bei Sophie und Maximiliane Laroche eine wei-

Achim von Arnim. Zeichnung von Clemens Brentano

tere Absage holte; beruflich motivierte Abkehr von der Laufbahn eines Wissenschaftlers und «eine enge Freundschaft» mit der unglücklich verheirateten Frau eines Verlegers kristallisierten sich zu Arnims Erstlingswerk – «Hollin's Liebeleben». «Literarische Vorbilder und verhüllte autobiographische Einschübe», analysiert seine Biographin Helene M. Kastinger Riley das für unser Verständnis des späteren Schaffens von Bettine wichtige Arnimsche Opus Eins, «bilden die Kernpunkte der Thematik und Problematik des Romans. Starken Einfluß auf ‹Hollin› hatte Goethes ‹Werther›. Wie dieser ist Arnims Werk in Briefform geschrieben und zeigt in der Hauptfigur einen Helden, dessen leidenschaftliche und gegen die bürgerliche Ordnung verstoßende Liebe ihn zum Selbstmord treiben.»[100] Fortgesetzte Bekanntschaft mit Tieck erleichterte dem vom Naturforscher zum Poeten Metamorphosierenden (mit dem von ihm selbst gewählten Bild) das Abschütteln des gelehrten Staubs von seinen Flügeln. Im Jahr, in dem «Liebeleben» erschien, traf der inzwischen zu Clemens' Intimus Gewordene von einer Österreich berührenden Bildungsreise in Frankfurt ein. Freund- und Liebschaft gingen in jenen Zeiten auch unter Männern unmerklich ineinander über. «Ich habe Dich schon herzlich in Göttingen geliebt, Arnim», beteuerte Clemens. «Wahrhaftig, ich habe nie Freundschaft von Dir begehrt... da brichst Du aus dem Felsen zu mir her, Du Freudenstrahl, Du klingend Wasser, und erlabst mich, von selbst bist Du mir gut. Ich kann Dich nicht verlieren, solange ich lebe.»[101] Wir müssen solchen metaphorischen Überschwang im Auge bzw. Ohr behalten, wollen wir Bettines Stil richtig einordnen.

Die zukünftige Schriftstellerin, die Clemens' «göttlichen» Gefährten bei dieser Gelegenheit zum erstenmal erblickte – sie begleitete die beiden gemeinsam den Main und den Rhein Hinabreisenden bis zu dem nach Mainz gehenden Schiff –, fand Achim (wie er nun als Autor zeichnete) anfänglich *schlampig in seinem weiten Überrock, die Naht im Ärmel aufgetrennt... die Mütze mit halb abgerißnem Futter, das neben heraussah.* Unterwegs verliebte Clemens sich *heftig, so heftig* zum xtenmal, und zwar in Benediktchen, die augenblickliche Geliebte seines *einzigen Freundes.* Als Achim hernach mit einem Brief von Clemens ins Frankfurter Stift kam, um die Günderrode und Bettine zu einem Abendspaziergang mitzunehmen, erschien er Clemens' Schwester *doch königlich.* In einem die Spaziergänger überraschenden Gewitter elektrisierte sie seine *wunderschöne Jugendnähe.* Während er im Raum nebenan übernachtete, nur durch *eine dünne Wand* von den beiden Damen getrennt, stritten sie sich um ihn. Bettine flickte den zerrissenen Daumen seines Handschuhs und kaperte den andern als Andenken. *Sage ihm, daß ich ihn noch recht liebhabe, aber nicht so deutlich*[102], wurde Clemens von Bettine beauftragt. Einstweilen schenkte Achim aber einer reinblütigen Italienerin, der Sängerin Josephina Grassini, seine Gunst. Sie gastierte im Frühjahr 1804 an der Londoner Oper. Vor ihm hatte sie Napoleon Bonaparte in ihren Ar-

Bettine. Zeichnung von L. E. Grimm

men gehalten. «Wenn sie ihn doch erstickt hätte!» seufzte der preußische Patriot, der auch ein «recht anzügliches» Verschen hierzu verbrach. Dabei erkannte er klar, welche revolutionären Kräfte dem französischen Diktator Macht gaben, und daß einem toten ein neuer Bonaparte folgen müßte.

Einige zusammen unternommene Ausflüge in die Umgebung brachten in Bettines Verhältnis zu Arnim keine Veränderung. Doch im Herbst des nächsten Jahres trafen sich Bettine und Karoline, Clemens – der inzwischen die geschiedene Sophie Mereau geheiratet hatte – und Achim anläßlich der Taufe von Savignys Tochter auf dessen Landgut bei Hanau (Trages); und wohl nicht zufällig wurden Bettine und Achim zu Paten. Die große Politik hinderte die «Gotteseltern» (wie Paten im Englischen heißen) daran, selber Eltern zu werden. Nach Preußens Niederlage von Jena und Auerstedt flüchtete Arnim mit dem preußischen Hof in die äußerste östliche Ecke der Monarchie – nach Königsberg. Wie die Besten der Nation schmiedete er Pläne für die Erneuerung einer versteinerten

Gesellschaft und ihres ebenso unlebendigen Staats. Nebenbei entbrannte er in hoffnungsloser Glut zu einer gefühlskalten Frau. «Wie eine dunkle nächtliche Himmelsbläue über einem Schlachtfelde ist ihr Anblick meine Ruhe, sie stört keinen Eindruck, vielmehr scheinen die ewigen Sterne ferner Freundschaft heller und glänzender durch sie zu mir her.» So tröstete er Bettine, als wäre sie ein funkelndes, Lichtjahre entferntes Gestirn. Nur ein Monat verging bis zu ihrem ersten Zusammensein mit Goethe. Darum nahm sie, wie begreiflich, von Arnims fortdauernden Liebesklagen «kaum Notiz»[103]. Von dem in ihrer Phantasie auf der Stelle erreichten Höhepunkt der Beseligung – denken wir an ihren ersten brieflichen «Überfall» auf Goethe – bis zur nordböhmischen Antiklimax (wie immer sie sich abgespielt haben mag) hatte ihre keimende irdische Liebe hinter der himmlischen zurückzustehen.

«Gott macht die Liebe und der Teufel die Heiraten.» So fluchte seinerseits Achim, nachdem seine angebetete Königsbergerin sich vermählt hatte. Doch hinter diesem nicht von ihm gezogenen Schlußstrich stand schon das «Du» für Bettine. Ehe das Jahr 1807 um war, sahen sie sich in Weimar bei Goethe wieder und zu Weihnachten bei der Schwester in Kassel. Bald wollte Bettine (nach ihrer uns bekannten Manier) Achim sagen hören: *Ich bin Dir gut, mehr wie alle.* Mit diesem Superlativ zögerte Achim noch. Doch sprechender als bloße Worte war, daß er sie als Mitarbeiterin in seiner – recht kurzlebigen – «Zeitung für Einsiedler» gewann – «ein schillerndes Gemisch von Liedern, Gedichten, Rezensionen, von literarischem und geschichtlichem bis zum Sagen- und Mythenmaterial». Nach zwei weiteren Zusammentreffen mit ihr, einem kurzen und einem längeren, widmete Achim Bettine, wenn auch ohne Namensnennung, seine «Decamerone»-ähnliche Novellensammlung «Der Wintergarten», dessen Platz an Bettines Mieder, wie wir wissen, Goethe spaßhaft beneidete. Außer seinem Anteil an der Sammlung «Des Knaben Wunderhorn», an der Bettine mitwirkte, wurden diese Novellen Arnims berühmtestes Frühwerk. Einen Quasi-Heiratsantrag machte er Bettine im Herbst 1809, worauf sich zwischen den Verliebten – nach seiner und Clemens' Ansicht – «ausschließliche Zärtlichkeiten»[104] einstellten. Von Arnims Seite her erzwang der im Frühjahr 1810 erfolgende Tod seiner Großmutter die entscheidende Werbung um Bettines Hand. Die ihrem Enkel gesinnungsmäßig fernstehende Frau hatte testamentarisch festgelegt, daß erst seine rechtmäßigen Kinder in den Genuß eines Erbteils gelangen würden. Im Hochsommer gab es einen abschließend klärenden Briefwechsel, aus dem Anfang Dezember 1810 die Verlobung, Mitte März 1811 die Eheschließung hervorgingen. Bettines Aufgebot wurde im Hedwigsdom, Achims in der protestantischen Waisenhauskirche Berlins vorgenommen. Der Pfarrer – er hatte Achim schon als Knaben gekannt – zog als Zeugen seine Frau und Bettines Kammermädchen heran; sämtlichen Angehörigen wurde das Ereignis zunächst verheimlicht.

Wie behandelte Goethe den Ehemann Arnim? Einst hatte der «Olympier» einen bissigen Kritiker von «Wunderhorn»-Nachfolgebänden spöttisch verjagt:

> Hinweg von unserem frohen Tanz,
> Du alter neidscher Igel,
> Gönnst nicht dem Teufel seinen Schwanz,
> Dem Engel nicht die Flügel.

Nun wurde Christiane – ein Jahr nach ihrem Zusammenprall mit Bettine – in einem Brief aus Teplitz amüsiert. «Von Arnims nehme ich nicht die mindeste Notiz. Ich bin sehr froh, daß ich die Tollhäusler los bin.»[105] Die jetzt zu Verrückten Hinabgestoßenen waren Bettine, Achim, ihr genau drei Monate alter Freimund, Schwester Gunda (nebst Mann) und etwas später Clemens, denen im Sommer ein von Bettines Bruder Christian recht und schlecht versorgter böhmischer Landsitz (Bukowan) als Hauptquartier diente. Arnims zu Ostern herausgekommener Novellenband, der «vier seiner wichtigsten Werke» barg, endete mit einem Vers auf das an diesem Festtag noch Ungeborene seiner Frau, dessen Pate Clemens wurde.

> Und ein Jahr ist so vergangen,
> Und ein Kind, von dir empfangen,
> Zeigt des Jahres liebreich Bild:
> Großer Gott, wie bist Du mild!

Zum ersten Geburtstag nahm der väterliche Poet stoisch hin – «Sie schrei'n nach Dir, ich soll mich ihrer freuen» –, daß sein Dichten durch Babys Geschrei beeinträchtigt wurde:

> Und störten sie mich auch in diesen Zeilen,
> Die sich dem Tag, wo Du geboren, weihen,
> Ein Kuß ist schon genug, uns mitzuteilen.

Nicht mit Versen abmachen ließen sich die Tatsachen, daß der neugebackene Vater im gleichen, üppige Blüten der Vaterlandsbegeisterung tragenden Frühling Hauptmann und Vizechef eines Berliner Landsturmbataillons sein, für die Ausrüstung eines freiwilligen Reiters spenden und – übrigens vergeblich – ein Theaterstück zum Ankauf von Kanonen schreiben würde. Bettine blieb als «einzige Frau» ihres Bekanntenkreises bei ihrem zu seinem Leidwesen nicht in den Feldzug mitgenommenen Ehepartner in der gefährdeten Hauptstadt. Der aber zog im Frühjahr 1814 «aus Sparsamkeitsgründen» nach dem Freimund bei dessen Mündigkeit zufallenden Wiepersdorf, wo er fortan umsonst wohnen konnte.

Unterdessen hatte sich dem Anfang Mai 1812 geborenen Freimund
Anfang Oktober 1813 ein Siegmund hinzugesellt, und nach ihm kam Anfang Februar 1815 Friedmund. Zwischen zwei Schwangerschaften lagen
also jedesmal bloß vier Monate, in denen Bettine sich körperlich unbe-
hindert einem Säugling widmen durfte. Der romantische Radikalismus,
der in den Jahren nationaler Machtlosigkeit an mehr oder weniger phan-
tasievolle altgermanische Helden anknüpfen zu sollen glaubte, war in der
Namensgebung unverkennbar. Was für eine Miene mochten ein Fritz
oder Willi aufsetzen, wenn sie so benamste Spielkameraden zu rufen hatten? Außenseitertum programmierten auch Bettines von revolutionären
Grundsätzen abgeleitete Erziehungsmethoden. Sie ließ ein Kind, so
sauer es ihr wurde, tun, was es wollte. *Besser, einen dummen Streich mit
ihm zu machen, als ihm zu verbieten.*[106]

Achim waren später Schläge «lieb», die der künftige Sextaner vom

«Daz haus Wiepersdorff vom Abend». Supraporte *(um 1880) in Wiepersdorf, von Bettines Enkel Achim von Arnim nach einer verschollenen Vorlage von 1784*

Hauslehrer bezog. Er warf dann den antiautoritär Erzogenen «Nachlässigkeit, Unordnung und Unreinlichkeit» vor.[107] Eines ihrer Zeugnisse beklagte mangelnde Kenntnisse und häusliche Aufsatzhilfe.[108] (Hätten Schüler weniger gepaukt, Mütter mehr geholfen, wären vielleicht 1864, '66, '70, 1914 und '39 nicht so viele Leute manipulierbar gewesen.) Diese Kinder, «fast wie Bauernkindern» aufgezogen, liefen umher «in Kitteln, deren Zeug die Bettine selbst» gewebt hatte. So ein Grimmscher Wiepersdorf-Bericht. Hier wirtschaftete Bettine im Sommer 1816 nach einer schweren rheumatischen Erkrankung Achims. «Arnims Haus», hieß es da, «ist geräumig und der Garten daran u[nd] der Wald von Birken dahinter schön, doch ist jenes inwendig ziemlich verfallen, war aber mit Pracht u[nd] eigentlich fürstlich eingerichtet. Zimmer mit purpurseidenen Tapeten und reichen Goldleisten und getäfelter Boden...» Bettine führe die Haushaltung selbst, habe alles Schwere, wie zum Beispiel gutes Kochen, leicht

Wiepersdorf. Zeichnung unbekannter Hand aus dem Arnim-Nachlaß

erlernt. Sie habe aber «keine Lust an diesem Wesen». So werde ihr alles sauer und sei dazu in Unordnung. «Dabei wird sie betrogen und bestohlen von allen Seiten. Beiden wär' zu wünschen, daß sie aus dieser Lebensart herauskämen.»[109] Zur Jahreswende ging Bettine nach Berlin zurück. Im Frühjahr 1817 gebar sie Kühnemund, im Herbst 1818 die nach ihrer Mutter, also nicht teutonisch benannte Maximiliane. Ein Brief, in dem Achim um Mitbringen von Lebensmitteln, Leinwand, einer Wiege und eines Kinderwagens gebeten wurde, könnte den hartnäckig um das Bewirtschaften seiner verschuldeten Güter und das Fortsetzen der literarischen Produktion Kämpfenden noch mehr aufgeregt haben als die oft erschreckenden Bulletins über seelische und gesundheitliche Nöte aus Bettines Berliner Behausungen. *Sonst hab' ich keine Geschäfte als Dich zu bitten, den Aufenthalt bei mir als den liebsten zu halten und eilig wiederzukommen,* flehte die Geplagte; *wenn Deine Ernte gesegnet war, so gedenke der Armen, es gibt manche Mütter, die ein Kind an der Brust haben und nicht satt zu essen... Du kannst ja auch kommen in jeder Minute, könntest Du nicht eine Sehnsucht bekommen, Weib und Kinder wiederzusehen, die Dich keine Geschäfte berücksichtigen ließe; und was würde ich denn zu solcher Liebe sagen? Ich müßte sagen: «Ich verdiene es nicht».* Ein Arnimscher Besitz wurde damals verkauft, die Abstoßung eines andern gelang dagegen nicht. Dabei wuchs die Zahl der zu ernährenden Münder. Im Frühjahr 1821 schenkte Bettine einer Armgard das Leben. Im Herbst 1827 einer «Gisel» gerufenen Gisela. Das Einkommen des Vaters aus landwirtschaftlicher und schriftstellerischer Tätigkeit war solchen Belastungen kaum gewachsen.

Eine durch Bettines Vorliebe für die Stadt, Achims Bindung an das Landleben verursachte Krise erhellte ein Wetterleuchten aus Wiepersdorf. Dort hatte Achim die ihn besuchende Bettine alleingelassen, so daß sie eine Freundin dringend um mehrwöchigen Besuch zu bitten hatte. Der reisende Gutsherr befand sich unversehens vor einer drohenden Wolkenwand. *Lieber Alter*, brach das Unwetter los, *zwei Tage sind glücklich gewürgt. Das Bett hat das Beste dabei getan. Ich hoffe, Du wirst Deinen Skrupel, mich allein zu lassen, nicht zu weit treiben. Auf alle Fälle, wenn ich höre, daß Du die Pferde zu früh bestellt hast, werde ich sie noch einige Tage zurückhalten. Acht volle Tage ist nicht zu viel für Deine mannigfaltigen Geschäfte, und nichts ist mir ärgerlicher, als wenn Du wie ein Jagdhund herumläufst und Dich erhitzest und das tägliche Leben wie ein Lasttier auf Dich packst.* Bettine hatte sich 48 Stunden gelangweilt, aber auch ausgeschlafen. Er sollte, meinte sie, seiner Tätigkeit entspannt nachgehen. *Wenn ich mir aber gar denke, daß Du aus Furcht, meine Langeweile würde mir hier zu lästig, Dich um so schneller allem menschlichen Verkehr entziehest, so muß ich mich sehr ärgern, denn ich versichere Dich, daß es mir eine angenehme Empfindung ist, Dich unter Menschen zu wissen, mit denen Du noch eine andere Konversation führen kannst wie mit dem Verwalter.* Anregung war demnach genauso wichtig wie Entspannung. Nach diesem Blitz setzte der Donner ein, der Achim heilsame Angst vorm Erschlagenwerden durch Verbauerung einflößen sollte. *Du magst mir es zugeben oder nicht, so bleibe ich dabei, daß Du für die menschliche Gesellschaft gemacht bist und nicht für diese Einsamkeit, wo Dein dummes Weib, geplagt durch Langeweile, Dich martert; und wenn Du es auch beweisen kannst, daß die Menschen keinen Anteil an Dir nehmen, es kommt das mit*

«Zeugniß» für den Tertianer von Arnim, 1826

Halbjährliches Zeugniß

von *Ostern* bis *Michaelis* 1826   *No: Drei*

für den *Prima = Tertianer p. Arnim V.*

Aufführung. *[handschriftlicher Text]*

Aufmerksamkeit in den Klassen. *Ungestört.*

Bettines Eintragung zur Erstausgabe von Achims «Die Gleichen»: «Süßer Engel, der in diesem Buch dem Dichter beigegeben ist, ich küsse deinen Atem»

von Deinem Eigensinn her; und ich will es durchaus noch erleben, daß Du Deine Zeit aufs sorgfältigste benutzest, weil man des Geistes und der Kräfte, die in Dir liegen, bedarf. Nicht umsonst hast Du eine höhere und reinere Einsicht in alles und ein unbeflecktes Gewissen. Du kannst keinen schlechten Weg machen und keine Verstellung ausüben.

Das eheliche Gewitter zog danach langsam ab. Doch rollte der Donner nochmals, ehe ein Sonnenstrahl auf Achims Theaterstück fiel. *Aber*, ereiferte sie sich, *Weiden stecken, Mohrrüben pflanzen, Pferde belegen, Ochsen kaufen, ist auch nicht das Pfund, was Zinsen tragen soll. Ich seh' schon, wie Du böse bist, und Du hast nicht ganz Unrecht, denn Du hast gewiß viel Schönes getan, indem Du so fleißig, treu und mit viel Glück Deine «Gleichen» hier bearbeitet hast, und es wäre Sünde und Schande von mir, wenn ich Dich darum allein nicht allermeist achten wollte. Indessen hat grade dieses Werk sehr oft den Gedanken in mir erregt: das ist gewiß nicht allein, zu was dieser Mensch bestimmt ist.* Achims Schauspiel «Die Gleichen», «eines seiner wichtigsten dramatischen Werke», erteilte Bettine dennoch durch eine handschriftliche Ehrung ihren Segen. Eine halb bukolische Szene (gefolgt von einer Nachschrift, in der die Umbestellung der Pferde für die Rückkehr via Berlin bestätigt und große Pfefferkuchen für die Kinder angefordert wurden) bildete den Schluß. *Genug zum Bösewerden! Der Jäger hat wieder ein Reh geschossen. Die Kinder sind gesund und ich auch bis auf den Husten. Mein Appetit ist ziemlich gut. Bring' Nachtlichter, weißen Sago, Zucker, frische Heringe, Einmachgläser, die in unserer Möbelkammer stehen, womöglich eine italienische Grammatik und Dictionnaire und Goldonis «Comedien» und halte nichts für ungut Deiner närrischen Frau Bettine.*

Sich durch Reisen und Wiedersehen mit Freunden aufs Spiel der Feder vorzubereiten, wurde dem Poeten wieder und wieder von der durch eigene Kränklichkeit und Krankheiten der Kinder (und zeitweise Wanzenbisse) Bedrängten ans Herz gelegt. 1820 hieß einmal die Nachschrift zu einem Brief: *Die Butter war so gut, daß sie in Zeit von zwei Tagen alle fort war. Wir haben garnichts mehr. Die Eier sind auch fort. Rekommendiere ja der Wirtschafterin, sie nicht zu färben! Freimund hat in der Schule zwei Lobzeichen bekommen. Adieu, lieber, guter, freundlicher Freund! Dichter, dessen Frau ich zu sein erwählt war! Adieu, liebes Gut! Vater meiner Max', die Dich noch bestricken wird, wenn sie größer ist, mit alle den Reizen, die an mir schon verblüht sind, oder die Du nicht erkannt hast. Ich küß' Deine lieben Hände, denn in ihre Fingerspitzen hat sich Deine Seele gesetzt und hat sie regiert zum Schreiben alles dessen, was mich entzückt.* Der freimütige Vorwurf, daß sie sich nach einem Jahrzehnt der Ehe noch nicht ganz verstanden fühlte, sprach für Bettines Ehrlichkeit.

Künstlerische, gesellschaftliche, politische, hauswirtschaftliche und Verwandtschaftsangelegenheiten wurden, vor allem in den Briefen der Mutter, von Auskünften über das Wohl- oder Unwohlergehen der Kinder

Bettines Berliner Wohnung, Unter den Linden.
Anonymer Steindruck, um 1820

überlagert. *Unsere Amra* – das machte wohl Kindermund aus Armgard – *hat in wenig Tagen 4 allerliebste Zähne bekommen, und wie es scheint ohne Schmerzen, denn sie kömmt Tag und Nacht nicht zum Weinen. Indessen hat sie doch weit mehr Pflege bedurft, denn sie hat ganze Nächte am Tizchen verpraßt und wacker drauf gebissen. Ich kann trotz meiner scheinheiligen Gesundheit nicht mehr ungestraft einem solchen Aufwand von Kräften Trotz bieten.* Diese Meldung vom Herbst 1821 löste Mitte Februar 1822 die Schreckenskunde ab, daß Friedmund zum zweitenmal *aus dem Wagen gestürzt* war. In seiner Antwort riet Achim dazu, die beiden Mädchen impfen zu lassen, da kürzlich «alle Kinder einer Familie, die sich dem Impfen entzog, bei unerwarteter Blatterepidemie ausstarben». Ein andermal hieß es: *Freimund ist ungemein fleißig und auch Siegmund, jetzt ist die Reihe an Friede* – eine typisch berlinische Umformung von Friedmund! – *faul zu sein. Morgen kommt der neue Lehrer.* Bettine mühte sich mithin zugleich als Privatschuldirektorin für ihren Nachwuchs ab. Hauptsächlich quälte sie die Trennung der Kinder vom Vater. *Unser Kleinstes ... ruft noch alle Tage «Papa» und sieht sich nach Dir um; komm, ehe es dies verlernt.* So

68

in einem Brief, dessen erste Zeile klagte: *Ich hab' allerlei Unannehmlich-keiten gehabt, die größte aber von allen... ist, daß ich von Dir getrennt bin.* Ungezählte Male begann und/oder endete Bettine mit solchem Jammern. *Du bist falsch! Die Zeit, wo Du mir versprochen herzukommen, ist schon längst herum.* Oder (als Feiertage ohne Achim begangen werden mußten): *... ich mache keine Ansprüche an Deine Zärtlichkeit, denn ich war nicht das Ideal, dem Du Dich aus Leidenschaft ergeben hast. Aber mich wundert's, daß Dir Dein kleinstes Kind nicht lieb genug ist, um Wort zu halten; es gleicht Dir und nicht mir.* [110] Und so weiter und so fort. Separates Leben stellte sich als ebenso schwierig heraus wie gemeinschaftliches.

Nochmals das alte Paradox. Solange Bettine in Wiepersdorf weilte, wie Anfang 1823, *erheiterte* es sie, Achim ein paar Wochen auf Reisen, das heißt *unter Menschen* zu wissen. Er sollte nur nicht *eigensinnig erpicht aufs Zurückkommen* sein! Er wäre auf dem Gut nicht nötiger als *eine große halberstarrte Schmeißfliege, die ich eben totgeschlagen habe.* Und wieder: *...seit ich Dich hier nicht mehr vor Augen habe, ist mir lang nicht mehr so schwer ums Herz.* Sie sah ihn jetzt Anregungen geben und neh-men. In einer mühselig ergatterten, zum Teil selbst hergerichteten Berliner Wohnung, mit einer neueingestellten Wirtschafterin, die aber für die Fei-ertage frei bekommen hatte, beging Bettine in demselben Jahr das Weih-nachtsfest allein mit ihrer Kinderschar. *Soeben ist beschert. Allgemeiner Jubel. Die Armgard ganz allerliebst. Ich schicke Dir, was ich hab' erübrigen können an Rosinen und Mandel.* Die süße und die bittere Frucht waren treffende Symbole ihrer Lage. Als ob Bettine nicht schon genug am Hals gehabt hätte, betätigte sie sich gleichfalls mit dem Absatz von Achims Produkten. Für Eier, Brot und Butter, die per Fahrzeug angeliefert wur-den, spürte sie Kunden auf, verhökerte, was mangelhafter Beschaffenheit halber zurückgegeben worden war. Sie vertrieb auch Mehl an eine Bäcke-rei. Brust- und Magenkrämpfe, die ihr bei all ihren Tätigkeiten zu schaffen machten, wurden mit Unmengen von Kamillentee und Emserwasser be-handelt, bald zu Hause, bald – im Herbst – in Schlangenbad. Weihnachten wurde 1824 in Wiepersdorf gemeinsam gefeiert – nach beträchtlicher Ab-wesenheit Achims, die Bettine, wie vorher, zu verlängern getrachtet hatte.

Daß Bettine sich um gewissenhaftes Wirtschaften bemühte, zeigte ihre Abrechnung vom Jahresende 1825, auf der Bedienstetenlohn und Lehrer-gehalt, Kosten von Torf, Holz, Medizin, Emserwasser standen, ebenso Ausgaben für Tischler, Schuhmacher und Schneider – *für 3 Mäntel 9 Taler* –, fürs Nähen von Hemden und Stricken von Strümpfen, Flicken und Waschen alter Kleider usw. In Ermangelung eines Wintermantels wünschte sie sich von Achim *Lämmerwolle zu Futter.* Am darauffolgenden Weihnachten erfreute der scharlachkranke Kühnemund sich *inmitten sei-ner Schmerzen* an einem eigenen Baum. Seine Brüder waren nach Wie-persdorf weggeschickt worden; die beiden Schwestern hielt der Hausarzt (im Gegensatz zu Achim) für nicht ansteckungsgefährdet. Die zweiund-

Gisela von Arnim.
Altes Foto
einer Zeichnung

vierzigjährige Mutter hatte in diesen düsteren Tagen *unsägliche Angst* davor, wieder schwanger zu sein. Es war kein *Wahn*. «Gisel» befand sich auf dem Weg ins Leben. Um die gleiche Zeit des folgenden Jahres kam Bettine, deren Drüsen geschwollen waren *wie ein Taubenei*, wegen des Stillens erst *um 6 morgens* zum Schlafen. Achim mahnte ungerührt zur Sparsamkeit.

Die Gemahnte war empört. *Ich gehe täglich nach dem Herde, nehme das überflüssige Holz zurück... Ich trage nur Schwarz, auch keine Mützen, um die Wäsche nicht zu vermehren, trage jetzt einen 6 Jahr' alten Winterhut... gehe nicht ins Konzert und Oper, obschon Musik mein einziger Lebensgenuß ist.*[111] 1828 war Bettine mit ihren sieben Zöglingen Weihnachten anscheinend allein, weil Achim die Kinder nicht in Wiepersdorf haben mochte. Auch 1829 erschien Achim nicht zum Heiligen Abend. Geldmangel erlaubte nur für das Kleinste ein Spielzeug. Die übrigen wurden mit Zuckerwerk beschert. 1830 nahte für Achim, der gerade in Dahme eine Polonaise getanzt hatte, unvermutet sein letztes Jahresende. Wieder ließ er seine Familie monatelang auf sich warten. Ein «Getreideverkauf» verhinderte sein Erscheinen zur Bescherung, der für Anfang Januar angesetzte Besuch eines «Stadtrichters» die gemeinsame Feier des Jahreswechsels. Dann sprach «ein Schmerz im Knie und im Fuße» gegen Reisen. Nein, Bettine sollte ihn nicht besuchen. Der Frost sei zu stark. Da ihr Savigny nicht, wie bis dahin üblich, Geld aus ihrem ererbten Vermögen vorstrecken wollte, würde es von Achim per Post kommen. Bleistiftgeschriebene Zeilen vom 16. Januar 1831 versicherten, daß sein Zustand sich «langsam bessere». Bettine, die am Achtzehnten zwei Todesfälle meldete, beschwor den Kranken, einen Arzt von auswärts hinzuzuziehen. *Wenn ich nun nicht die Überzeugung habe, daß Du wirklich ganz auf der Besserung bist, so muß ich Dich besuchen*, widersprach sie ihm. *Die Kinder grüßen, und ich küsse Dich von Herzen und mit der Sehnsucht, bei Dir zu sein.* Sie schloß, wie gewöhnlich, *Bettine* [112]. Hätte sie geahnt, daß es einen Abschied fürs Leben bedeutete, wäre vielleicht, wie öfters, *Dein treues Weib* daraus geworden.

Armgard und Maxe von Arnim.
Bleistiftzeichnung von Caroline Bardua, 1837

Auf dem Saumpfad der Politik

Der Schlußakkord einer problemreichen Liebesehe ist die Wartung eines Nachlasses, dessen Fülle Bettine zugleich betrübt, denn Achim hat sie ihr verborgen, und befriedigt, ist seine literarische Produktivität ihr doch Herzenssache gewesen. Die zwischen 1839 und 1857 in drei Ausgaben zu je rund 20 Bänden in Bettines «von Arnims Verlagsexpedition» herausgebrachten Gesamtausgaben der Arnimschen Werke besorgt – mit ihrer maßgeblichen Assistenz – Wilhelm Grimm. Er ist als Savignys Student in Marburg mit siebzehn der achtzehnjährigen Bettine begegnet, und die Freundschaft mit ihm überdauert jede andere. Ein Jahr nach Achims tödlichem «Nervenschlag» stirbt Goethe, ein Jahr danach wird Bettine Zeugin von Rahels Sterben.

Wie das im Himmel des Ideals schwebende Verhältnis zu Goethe – Achim von Anfang an als etwas dargestellt, auf das er nie eifersüchtig zu sein hat – geht die nicht ganz so hoch gelegene «Traumland»-Beziehung zu Rahel (so ortet ihr Biograph Herbert Scurla die Salons) kontrapunktisch zu ihrem Ehe- und Erdenleben einher. «Ganz in Bettina Brentano verliebt» ist Rahel, die damals den Nachnamen Robert annimmt, Mitte November 1810. Der Dezember bringt einen Mißklang. Bettine will von ihrer neuen Bekanntschaft, unter deren Fenster stehend, ein zu Hause vergessenes Acht-Groschen-Stück für den Opferstock borgen. Dadurch kommt sie um ihren Kirchgang; sie hat sich mit Rahel festgeschwatzt. Hinterher schilt sie, Rahel habe sich ihr *so aufgedrungen*. Diese erkennt in Bettine trotz «aller Launenhaftigkeit und Schroffheit eine reizende Erscheinung, ein eigentümliches, anmutiges Menschenkind»[113]. «Diese beiden Frauen, von denen die eine [bis zur Taufe von 1814] Jüdin ist und die andere eine ‹Fremde› bleibt», schreibt die Dozentin der Neuen Sorbonne Marie-Claire Hoock-Demarle in ihrer einer Habilitationsschrift über Bettine voraufgehenden Anthologie, «diese beiden sich bereitwillig den Ideen und Bewegungen der Avant-Garde, wie den politischen und sozialen Problemen, öffnenden Geister stellen mit aller erforderlichen Klarheit die damit verknüpfte Frage nach der Lage der Frauen, der Juden und der Intellektuellen.»[114] Die darin liegende Gemeinsamkeit schmiedet ihre Freundschaft.

Doch ebenso wie bei Clemens, der Günderrode, Goethe und Achim

Rahel Varnhagen von Ense.
Bleistiftzeichnung von Wilhelm Hensel, 1822

bilden auch Kontraste ein Bindemittel. Rahel ist eine derjenigen, die lange vor Bettine als «Priesterin Goethes»[115] gedient haben. Sie hat nichts dagegen, daß ihr damaliger Freund, nachmaliger Gatte, Karl August Varnhagen von Ense, einige Auszüge aus ihren Briefen über Goethe pseudonym publiziert. Aber sie hält sich Goethe gegenüber im Schatten. Im Gegensatz zur Schriftstellerin-in-spe Bettine, die Goethe «zum schöpferischen Nacherleben von Kindheit und Jugend» verhilft. Während beide Frauen in Montbijou lustwandeln und die eine «wort- und bewe-

Karl August Varnhagen von Ense.
Bleistiftzeichnung von Wilhelm Hensel

gungsreich» von «ihrer großen Leidenschaft für Goethe»[116] schwärmt, tut die andere so, als kenne sie ihn gar nicht.

Nein, Unaufdringlichkeit ist nicht jedermanns Sache. Bei seinem letzten Wiedersehen mit Rahel Ende Februar 1829 stürzt ein Dichter, der schon eine Berühmtheit ist – Heine –, noch ehe er sein Hotel und den dort auf ihn wartenden Bruder aufsucht, ins Gemach der schlummernden Rahel und umarmt die «geistreichste Frau des Universums»[117]. Nicht lange, und «alle», Arnims, der Verleger Baron Cotta, die Brüder der Gastgeberin mit ihren Frauen usw., laufen herbei, machen Heine den Hof und bedanken sich für den amüsanten Abend. «Bettine dreimal mit Phrasen wie Reden»[118], spottet Rahel. Bettine ist ihr aber von allen, die sie kennt, «die geistreichste Frau»[119], und diese erwartet von einer Gouvernante: *...daß Sie mit den Kindern absolut umgehen wie Frau von Varnhagen.*[120] Zuletzt gesteht Bettine der lange als Rivalin Betrachteten, daß sie von ihr zu tieferem Eindringen in ihr eigenes Wesen *gereizt worden* ist.[121] Nach Rahels Tod assistiert sie deren Witwer – zuerst mit losen Einfällen, dann geschlossener – beim Zustandekommen von «Rahel: Ein Buch des Andenkens für ihre Freunde», das Bettine sicherlich mit zu ihrem Goethe-Briefroman inspiriert.

Neue Schicksalsschläge: Sie habe vielleicht keinen Freund mehr[122], befürchtet Bettine, als Schleiermacher, den sie als Autor durch die Günderrode, persönlich von München her kennt, ein Jahr nach Rahel stirbt. Er hat ihre Söhne konfirmiert. Pastor der Berliner Dreifaltigkeitskirche, Professor für Religionswissenschaft an der Berliner Universität, will er das Christentum seiner übernatürlichen Form entkleiden, ohne durch Verstandeskälte dessen Inhalt zu entleeren. Er ist zweiundfünfzig, Bettine fünfunddreißig, als er ihr eines Tags (falls wir ihr glauben dürfen) mehr als christliche Liebe anbietet. Sie bedeutet ihm, daß sie derlei nicht schätze, es sie sogar anekele. Ihr mitunter seine unvermeidliche Enthaltsamkeit beklagender Gemahl bekommt den Vorfall so mit: *Vorgestern war ich bei Schleiermacher. Seine Frau ging einen Augenblick hinaus. Da wollte er mich küssen, welches ich aber sehr geschickt und kaltblütig ausparierte. Der Sappermenter!... Ich hab' mich doch sehr geändert; sonst hätt' ich ihm wahrscheinlich eine Rippe eingetreten.*[123] Würde eine Karate beherrschende Frau heutigentags anders handeln? Ein paar Jahre später informiert der Geistliche seine Frau: «Heute abend hat mir Bettine einen Abschiedsbesuch gemacht. Sie war sehr artig und sprach gescheute Sachen.»[124] Wenn der Berichterstatter selbst nicht immer «artig» gewesen ist, mag Bettines Zwanglosigkeit ihn irregeführt haben. Einmal hüpft sie trällernd durch den Salon, spielt mit Äpfeln Fangball, springt über Sessel, versteckt einer Dame das Strickzeug, bewirft deren siebzehnjährig ans Berliner Schauspielhaus gekommene Tochter mit Brotkügelchen und macht bei alldem einen «Heidenlärm». Ein andermal läßt sie, statt sich selbst, Pückler anmelden, den man fern von Berlin weiß, um mitanzusehen, was für Gesichter die Gäste machen. Dem Stabschef des Feldmarschalls Blücher, August Graf Neidhardt von Gneisenau, damals Gouverneur von Berlin und Mitglied des Staatsrats, legt sie sich in einer Gesellschaft sogleich zu Füßen, um da, «den Kopf zwischen seine Knie gelehnt» und «ohne Anteil am Gespräch zu nehmen», zu ruhen, «bis der letzte Gast den General» verlassen hat. Dieser ein halbes Jahr nach Achim sterbende Freund gibt es ihr im Frühjahr 1820 schriftlich: Er habe Freude an ihr gehabt – «wie ein Vater an seiner geistreichen Tochter».

Friedrich Schleiermacher. Stich von J. F. Bolt, 1817

Wenn er auch ihre Unkonventionalität «nicht immer»[125] verteidigen konnte. Solche Szenen entsprechen heutigen Happenings. Sie sind die Unterseite einer ehrenvollen Medaille.

Als Schleiermachers einziger, neunjähriger Sohn Nathaniel 1829 an Scharlach stirbt, schreibt Bettines Siegmund, jetzt sechzehn, die vielbewunderte Grabrede Schleiermachers ab. Bettine hebt den Text für Achim auf. Nach der Juli-Revolution des nächsten Jahres wird Schleiermacher von Bettine als erster von denen aufgeführt, die vorgehabt haben, in den Ferien nach Frankreich zu fahren. Reist der seit langem von der Polizei als verdächtiger «Demagoge» Bespitzelte nur deshalb nicht ab, weil der Besuch politischer Schlachtfelder ihm neue Verfolgungen eintragen kann? Im Sommer 1831 ist der Ausbruch einer über 2000 Erkrankte, 1500 Todesopfer fordernden Cholera-Epidemie in Berlin ihm wichtiger. Bei der namentlich die Armen dahinraffenden Katastrophe entfalten Schleiermacher und Bettine wahrhaft christliches bzw. soziales Engagement. Bettines Krankenhausbesuche, ihr Aufkaufen und Verteilen von Schuhen und Decken an Bedürftige usw. wird sicherlich mit Schleiermacher abgesprochen. So hat sie *den menschlichen Genuß, ihm manchmal Gedanken zu bringen, wie man einem eine wohlschmeckende, reife Birne hingibt, und der sie genießt, freut sich ihres Wohlgeschmacks*[126]. Das Wesentliche hierbei ist wohl nicht, ob es sich um praktische oder theoretische Gedankenfrüchte handelt. Bettine, die immer erneut Frustrierte, braucht Bestätigung. Von Achim heißt es, er laufe aus einem Salon fort, in dem seine Frau «Mittelpunkt eines huldigenden Kreises»[127] sei. Bettine versteht aber ebenso das Zuhören. Sie übernimmt unter anderem Schleiermachers (wie Novalis') Lehre von der Individualität. «Von Etappe zu Etappe» erwirbt Bettine sie «im Nachdenken über die menschlichen Beziehungen, über deren Zerbrechlichkeit, aber auch über ihre einzigartige und beständige Kontinuität, die in der Dauerhaftigkeit des Individuums durch alle Wechselfälle einer langen Existenz hindurch besteht»[128].

Körperliche Kontinuität sichert Bettine in einem Zeitalter hoher Kindersterblichkeit mit noch unüblichen Mitteln ihrem Nachwuchs. Sie kauft immer *ein paar Scheffel Äpfel*, obwohl Achim sie der Verschwendung zeiht. *Ich glaube, daß die Natur der Kinder für ihre Gesundheit Vorteil dabei hat; die Hypochondrie und Hämorrhoidalbeschwerde so vieler junger Leute glaube ich dadurch zu hindern.* Der gleiche Weitblick bewegt Bettine zu einer anderen Maßnahme, die erst im kommenden Jahrhundert zur Selbstverständlichkeit werden soll. *Daß die Kinder schwimmen lernen, habe ich ihnen bewilligt... Kühnemund ist 2 mal in den Graben gefallen; und dies hat so viel gewirkt, daß er ohne Beisein eines andern nicht mehr hingeht. Unser neuer Bedienter ist in diesem Stück sehr brav.*[129] Wie in der antiken griechischen Tragödie bewirkt aber gerade die dabei erworbene Fähigkeit einen tödlichen Unfall. Die mit Kühnemund besonders verbundene, ein Jahr jüngere Maxe wird den achtzehnjährigen Bruder als

Kühnemund von Arnim auf dem Totenbett.
Anonyme Zeichnung, 1835

«Urbild eines deutschen Jünglings» verewigen. «Groß und schlank gewachsen, mit schönen, edlen Zügen und kühnen Augen, glich er ganz
dem Bild unseres Vaters aus dessen Jugendzeit. Ein Meister im Turnen
und Schwimmen, war er zugleich geistig und auch dichterisch hochbe-
gabt.»[130] Ende Juni 1835 bringt man den Schwimmer vom Baden in der
Spree bewußtlos nach Hause. Er ist beim Springen aufgeprallt. Er tröstet
noch die Mutter, ehe er für immer einschläft.

Die Leidgeprüfte versucht ohne Erfolg, sich selbst Trost zu verschaffen, indem sie nach langer Trauerzeit mit zwei jungen Leuten verkehrt,
die etwa in Kühnemunds Alter stehen. Unter den antike Elemente mit
zeitgenössischen Namen verbindenden Pseudonymen *Ilius Pamphilius*
und die Ambrosia wird sie 1847/48 die Korrespondenz mit dem einen,
Philipp Nathusius, publizieren. Fiele der Rückblick nicht in die revolutionären Jahre, stellte er sich schlicht als «Bettines Briefwechsel mit einem
Kinde» vor – Ambrosia, die ewig jung erhaltende Götterspeise, ist mit der
ä u ß e r e n Erscheinung der Alternden schlecht vereinbar –: dann müßte
schon ihre Philippika gegen die Besserwisserei deutscher Italien-Reisen-
der zünden. Sie bemängeln beispielsweise den Aufenthalt von Kindern

und Landstreichern in italienischen Gotteshäusern. *Wenn der Unmündige, ja selbst der Unheilige lieber in der Kirche ausruht... so laß' ihn immer dort weilen!*[131] Vor der beabsichtigten Herausgabe des Briefwechsel mit dem anderen Jüngling, dem Jura-Studenten Julius Döring aus dem bei Magdeburg liegenden Ort Wolmirstedt, unter dem Titel *Meine letzten Liebschaften*[132], hat sich anscheinend Bettine gescheut. An Problematischem in der ohnehin schwierigen Phase der Menopause fehlt es Bettine auch sonst nicht. Die *überspannte Lügenwelt* des einstigen Lieblingsbruders, Clemens' Wunderglauben an die erste stigmatisierte Nonne des Jahrhunderts, Katharina Emmerick, hat gerade in dem Zeitpunkt ihren Widerwillen erweckt, in dem sie ihren *Unglauben*[133] er- und bekennt. Nun muß sie sich der übriggebliebenen alten Freunde, der Brüder Grimm halber, noch mit Savigny streiten!

In diesem Streit aber gerät Bettine auf den Saumpfad aktiver Politik, den «die ersten weiblichen Intellektuellen»[134] (Christa Wolf in einer ihrer einzigartigen Abhandlungen) bisher gemieden haben. Mit Wilhelm Grimm hat es bereits vor langem ein l i t e r a r i s c h e s Zusammenwirken gegeben, dem für Bettines Aufstieg zur Schriftstellerin noch mehr Bedeutung zukommen dürfte als dem Sammeln von Erinnerungen für Goethes Memoiren. Daraus ist eine mit Beta und Gamma, den griechischen Initialen der Ko-Autoren, versehene Anzeige in den «Heidelbergischen Jahrbüchern für Literatur» geworden. Sie hat da an Arnims Hauptwerk, «Die Kronenwächter», ihre Begabung gezeigt, positiv wie negativ «in Bildern über schon Gebildetes zu sprechen». Achim gilt ihr unter anderem als *ein Mann, der aus der Dämmerung einer nicht geahndeten Welt hervortritt, das reichbeschwerte Füllhorn auf der kräftigen Schulter, ein Gemisch von künstlichen Kleinoden, seltnen Blumen und Früchten... alles edel und mit einer Großmut dargeboten, die keine Sorge, keine Sparsamkeit für die Zukunft kennt*[135]. Anschließend hat sie mit Savigny, damals Staatsratsmitglied, in den vierziger Jahren preußischer Minister für Gesetzgebung, dem späteren Minister der geistlichen, Unterrichts- und Medizinalangelegenheiten, Eichhorn (das Eichhörnchen auf unserer Karikatur, S. 90) über eine Berufung Wilhelm Grimms nach Berlin geredet. Achim hat sie eine damaligen Romantikern und modernen Alternativgruppen verständliche Wohngemeinschaft mit Grimm als *alle andern Pläne von Glückseligkeit*[136] übertreffende reale Utopie suggeriert. Gisela wird nach Bettines Tod Wilhelm Grimms Sohn Herman heiraten!

Die Geschichte der Göttinger Sieben, zu denen Wilhelm und Jacob Grimm zählen, ist bekannt. Im Sommer 1837 hört durch Todesfall die Personalunion zwischen den Königreichen Großbritannien und Hannover auf. Der neue hannoversche Herrscher löst die Ständeversammlung auf, schafft das Grundgesetz ab. Sieben Professoren, bei vielen stillehaltenden, protestieren gegen den Verfassungsbruch. Jacob ist unter dreien von ihnen, die das Land innerhalb von drei Tagen zu verlassen haben. Der

Die Göttinger Sieben (o. l. Wilhelm, o. r. Jacob Grimm).
Lithographie von Carl Rohde, 1837/38

Göttinger Studentenbund «Das Jüngste Deutschland»[137] – zu ihm gehört
Moriz Carriere, nach einem halben Jahrhundert Bettines erster ernst zu
nehmender, ihr ganzes Leben überschauender Kurzbiograph – und ein
Bürgerkomitee halten zu den Abgesetzten und Verbannten. Beide
Grimms ziehen nach Kassel zu ihrem Bruder Ludwig Emil, der Bettine
vielfach gezeichnet hat. Dort haben sie schon einmal gewohnt, als sie auf
Achims Rat im Jahr nach seiner Verheiratung der Herausgabe der weltbe-
kannt werdenden, von ihnen gesammelten «Kinder- und Haus-Märchen»

beigestimmt haben. Der ersten, grün eingebundenen Ausgabe schließen sich zum Teil erweiterte an. Sie sind mit wechselnden Texten Bettine gewidmet.[138] Über zwei Dekaden nach deren Unterredung mit Savigny und Eichhorn, zu denen sich jetzt als Förderer der beliebte Naturforscher, -philosoph und Dozent Alexander von Humboldt gesellt, erhalten die faktisch vom akademischen Berufsverbot Betroffenen Ende 1840 einen Ruf an die Universität Berlin. Die Rehabilitierten sperren sich aus verschiedenen Gründen gegen die Übersiedlung in die preußische Hauptstadt. «Wenn es dennoch gelingt, die Brüder Grimm für eine ehrenvolle Aufgabe in Berlin zu gewinnen», heißt es in der Einleitung zur neuerlichen Edition von Bettines Grimm-Korrespondenz, einem Kabinettstück des Herausgebers Hartwig Schultz, war «das Verdienst dafür in erster Linie... Bettine von Arnim» zuzuschreiben. Sie wirft «das Schachspiel der Berliner Diplomatie durcheinander, um die Figuren nach eigenem Gutdünken wieder aufzustellen».

Wie sie das angeht, zeigt ein Brief aus Bärwalde von zwei oder drei Dutzend Druckseiten (je nach Buchformat), von dem die Deutsche Staatsbibliothek (Berlin-Ost) mehrere etwas voneinander abweichende Abschriften besitzt. Sie sollen gewissermaßen als Samisdat-Flugblätter kursieren. Das Original geht ca. am 18. Oktober 1839 an Savigny ab. Er ist zeitweilig Berliner Universitätsrektor und Tutor des von Bettine für die Grimms gewonnenen Kronprinzen in den Rechtswissenschaften gewesen. Wie eine tüchtige Anwältin stellt Bettine – sie hat soeben eine Woche bei den exilierten «Klienten», den Grimms, zugebracht – alle nur erdenklichen Argumente zusammen, die den vorsichtigen Savigny umstimmen könnten. *Im Grund weiß ich nicht einmal*, räumt sie diplomatisch dem Schwager ein, *was hier mehr am Platz war und eindringlicher: ob meine Ansicht bescheiden vor Dir zurückhalten und nur die Tatsachen mitteilen, oder, daß ich mir habe wie mit Windessausen die Gedanken aus dem Herzen aufjagen lassen.* So ist Bettines politische Literatur literarische Politik. Ein Jahr verrinnt mit Hin und Her. Bei dem Tauziehen kommt der schon damals bekannte junge Berliner Historiker Leopold von Ranke in Bettines Salon zu Fall; er darf ihre Schwelle nicht mehr übertreten. Dann erteilt Bettine aus ihrem Domizil Unter den Linden 21 den Grimms advokatische Instruktionen; die beiden Professoren haben jetzt wohl schon den Ernennungsbescheid in Händen. *Verzeihen Sie mir*, werden die Beratenen zuerst verbindlich angesprochen, *daß ich Sie mahne, vorsichtig damit umzugehen und nicht allenfalls schon sich auf Unterhandlungen einzulassen schriftlich... tun Sie nichts in Ihrer Sache, ehe Sie hier sind... Ich höre... daß man Euch den Vorschlag machen wolle des Gehalts in Göttingen.* Die vier letzten Worte unterstrichen. *Diese Absurdität kann nun natürlich nicht von Euch angenommen werden, und darüber brieflich zu verhandeln, ist nicht zulässig. Hier würdet Ihr damit auf keine Weise auskommen... Sie müssen durchaus persönlich gleich mit dem König sprechen. Es*

*Friedrich Wilhelm IV.
Gemälde
von Franz Krüger
(Ausschnitt)*

ist die einzige Art, wie man alle in Respekt halten kann. Wohnen sollen sie bei dem obersten Berufungsrichter Karl Hartwig Gregor Freiherr von Meusebach, Karlsstraße 36. *Gehen Sie zu keinem Hanswursten oder sonst hinfälligen Hasen oder Achselträger oder Leichenbitter oder löschpapiernen Kerl oder zu einer Heringsseele!* [139] Um als Machtlose zum mindesten Narrenfreiheit zu erlangen, nimmt Bettine es oft auf sich, den Polichinelle zu spielen. Gleichzeitig hält sie sich an Träger der Macht, damit deren subalterne Vertreter sie nicht beiseite schieben.

Eine neue politische Aktion Bettines gilt dem aus einem Ort bei Ancona stammenden, 1851 dort gestorbenen Musiker Gasparo Luigi Pacifico Spontini. Nach zum Teil schwierigen italienischen Anfängen kann er für Napoleon eine Auftragsoper verfassen. Er wird in Frankreich naturalisiert und zum Ritter der Ehrenlegion ernannt. Dank seiner «Cortez»-Oper, die der Preußenkönig Friedrich Wilhelm III. dreimal in Paris hört, wird Spontini nach Berlin geholt. Seine «Heil Dir im Siegerkranz»-Komposition hat von 1820 bis 1840 dort alljährlich am Geburtstag des Königs zu erklingen. Im Mai 1821 wird seine Oper «Olympia» uraufgeführt. Doch als ihr im Juni (in Anwesenheit des zwölfjährigen Felix Mendelssohn Bartholdy) die Uraufführung des Carl Maria von Weberschen «Freischütz» folgt, brechen schon vorher bestehende Konflikte mit denen aus, die romantische deutsche Stoffe und Melodien heroisch-pomphaften, auf klassischen, fremdländischen Sujets basierenden Unterhaltungen vorziehen. Als Mendelssohn mit siebzehn dem «allmächtigen Berliner Generalmusikdirektor» Spontini die Partitur seiner Cervantes-Oper vorlegt, spricht dieser sich mit «südländischer Emphase» dagegen aus. Der «‹Napoleonide› im moosgrünen Frack»[140] dirigiert zwar den «Freischütz» zugunsten der Hinterbliebenen seines Komponisten. Er führt auch Beethoven-Symphonien auf. Aber die Opposition manövriert ihn zuletzt durch eine Unterstellung in eine Zwickmühle. Ihr will er durch ein italienisch abgefaßtes Dementi entfliehen; es wird aber so schlecht übersetzt, daß Friedrich Wilhelm III. und sein Nachfolger kompromittiert werden. Anklage wegen Majestätsbeleidigung, polizeiliches Verbot einer Aufführung. Am 20. April 1841 setzt bei der Ouvertüre des «Freischütz» ein solches Toben ein, daß der Dirigent das Theater durch den Bühneneingang verlassen muß. Er wird zwangsbeurlaubt, dann entlassen. Verbittert kehrt er schließlich nach Frankreich zurück.

Für Bettine ist Spontinis «Alcidor» *sehr langweilig*[141]. Nicht einmal die Hälfte der Oper hört sie sich an. Mit dem verfolgten Komponisten solidarisiert sie sich jedoch. Der Richter bekommt ihr Schreiben an ihn zu lesen und veranlaßt den Angeklagten, es dem König zu schicken.[142] Trägt sie so dazu bei, daß die gegen Spontini verhängte neunmonatige Festungshaft aufgehoben wird? Am 19. Mai steht ihr Plädoyer in der Augsburger «Allgemeinen», eine Woche darauf in der «Staats- und Gelehrten Zeitung des Hamburgischen unparteiischen Correspondenten», am 3. Juni in den «Jahrbüchern des deutschen National-Vereins für Musik und ihre Wissenschaft». Daß Eduard Meyen, Redakteur der Berliner Linkszeitschrift «Athenäum», es der Augsburger «Allgemeinen» zuspielt, weiß Karl Friedrich Koeppen. Er hat Mitte der dreißiger Jahre mit einer «Literarischen Einleitung in die Nordische Mythologie» Grimmsche Forschungen erweitert und das Neuerforschte junghegelianisch interpretiert. Im April 1840 kommentiert er mit «Friedrich der Große und seine Widersacher» die Thronbesteigung Friedrich Wilhelms IV. In dieser Jubel- und Tadelschrift wird die «Idee des Staates» verherrlicht, «die sich am reinsten in einer Monarchie verkörpert, in der ein König herrscht gleich Friedrich, ein Philosoph, der freie Diener des Weltgeistes». Gewidmet ist die Aufsehen erregende Publikation «Meinem Freunde Karl Heinrich Marx aus Trier». Einem Studenten wie die, denen Bettine in demselben Jahr ihre *Günderode* widmet! Noch hat der Kommilitone bloß zwei Heine nachahmende «Wilde Lieder» im «Athenäum» – ganze 150 Abonnenten! – vorzuzeigen. Stadtschuloberlehrer Koeppen führt ihn trotzdem in den «Doktorklub» ein, wo er Bettine kennenlernt. Das versichert ein gewissenhafter Marx-Biograph – doch 1933 aus – politischer – Zeitnot ohne Quellenangabe.[143] Daß Marx sich für Bettine interessiert, steht außer Zweifel. «Hast Du den Brief der Bettine an Spontini in der ‹Augsburger› gelesen?» fragt Koeppen den nach Trier abgereisten «Schönheitsfreund», von dem ihm bis in die «speziellsten Spezialitäten» bekannt ist, warum er am Abreisetag «nur fünf Minuten» für ihn hatte. (Folgen Details über Presseangriffe auf Bettine.[144])

Mit Bettines Friedmund – er ist drei Jahre älter als Marx – ist Marx' Intimus Bruno Bauer, Hauptfigur des «Doktorklubs», befreundet. Von Bauer, den sie Anfang Oktober 1841 spricht, erzählt Bettine Varnhagen «mit lebhafter Freude»[145]. *Bauer*, scherzt sie einmal, sei *schwarz vom Kohlenbergwerk, in dem er abgräbt*[146]. Gemeint ist die Bibeltradition, die der zum Antitheologen gewordene Theologe abbaut. Marx, der bei Savigny hört, nimmt 1836/37 in die für sein «süßes Herzens-Jennychen» zusammengestellte internationale Volksliedersammlung zumindest ein Gedicht aus dem «Wunderhorn» auf. Eigenen Versen für die Verlobte, Jenny von Westphalen, gibt er den Untertitel von Teil 3 des Bettineschen Goethe-Werks – «Buch der Liebe». Aus einer Episode im ersten Teil (Wolfgang sagt laut Bettine: *Mäuschen, Du frierst*[147]) und vermutlichem Berliner Salonklatsch (Bauer führt Marx bei Varnhagen ein) schmiedet Marx für seinen Vater ein an Lessing gemahnendes Epigramm.

> Das Kind, das, wie Ihr wißt, an Goethe schrieb,
> Und das ihm weismachen wollt', er hab' sie lieb,
> Das Kind war einst im Theater zugegen,
> 'ne Uniform tut sich bewegen;
> Es blickt zu ihr gar freundlich lächelnd hin:
> «Bettina wünscht, mein Herr, in ihrem Sinn
> Das Lockenhaupt an Sie zu lehnen,
> Gefaßt von wundersamem Sehnen.»
> Die Uniform erwidert gar trocken drauf:
> «Bettina, laß dem Willen seinen Lauf!»
> «Recht», spricht sie, «weißt du wohl, mein Mäuschen,
> Auf meinem Kopf gibt's keine Läuschen!»[148]

Ist Marx der so viel Älteren – er kommt zur Welt, als Achim erfährt: *Unser zukünftig Kind* (Maxe) *ist sehr munter*[149] – nach seinen Berliner Jahren begegnet? Jennys Jugendfreundin Betty Lucas will Karl und Jenny zweimal besucht haben. Das erste Mal, nach ihrer indirekten Chronologie, 1842 an einem ungenannten Ort: Kreuznach? Dort wohnt Jenny nach dem Tod ihres Vaters (3. März 1842) bis nach ihrer Hochzeit mit Karl.

Karl Marx. Erstes authentisches Bildnis. London 1861

Rheingrafenstein. Farbsteinzeichnung von J. D. Glennie, 1841

Zunächst von Bonn aus studentischer Mitarbeiter der «Rheinischen Zeitung», dann ihr Chefredakteur in Köln, soll er nach halbjähriger Trennung während eines einwöchigen Urlaubs «morgens in aller Frühe und abends bis spät in die Nacht» mit Bettine «die Umgegend» durchschweift haben. Betty will «eines Abends rasch und ohne Anklopfen» in Jennys Zimmer getreten sein. Da habe sie «im Halbdunkel eine kleine Gestalt auf dem Sofa kauern» gesehen – «Bettina von Arnim». «Alsbald trat Marx ein, und sie bat ihn in so bestimmten Ausdrücken, sie zum Rheingrafenstein zu begleiten, daß er, obschon es neun Uhr abends und der Fels eine Stunde entfernt lag, mit einem wehmütigen Blick auf seine Braut der ‹Gefeierten› folgte.» Von Kreuznach aus ist es eine Stunde Fußmarsch nach der einige Jahre vorher wiederentdeckten Ruine Rheingrafenstein. Von Kreuznach aus teilt Bettine bei einem einmonatigen Aufenthalt am 29. Oktober 1842 dem vorübergehend mit ihrer Maxe verlobten Prinzen Lichnowsky mit, was sie Wichtiges erlebt, nachdem sie die Nichtigkeit der Kreuznacher Gesellschaft erlitten hat. *Auch von hier aus läßt sich ein sicherer Blick auf die große Weltbühne werfen, der einen sogar orientiert, wie das moralische Netz, was eine untüchtige Politik in sehr verkehrter Ansicht webt, sehr bald durch die Tatze des Löwen, der sich drin gefangen fühlt, zerrissen wird.*[150]

Gewinnt Bettine den Blick aufs Welttheater durch Marx? Sein kritisches Interesse an ihrem geistigen Umfeld ist unbezweifelbar. Soeben hat er über die Romantiker gearbeitet. Als nächstes wird er unter Anspielung auf Savigny dessen Historische Rechtsschule einer vernichtenden Kritik unterziehen. Zwei Wochen nach Bettines Brief an Lichnowsky macht er nach behördlichen Bemühungen, die «Rheinische Zeitung» zu zügeln, den Oberpräsidenten der Rheinprovinz unter anderem auf deren Leitartikel zum Kölner Karnevalsbesuch des «geliebten Königs» aufmerksam. Bettines langjähriger Vertrauter Rumohr, der von Marx exzerpierte Historiker der italienischen Kunst, hat ihn verfaßt. Der Artikel beweise, daß sein Blatt «nicht wenig zu den Segenssprüchen» beitrage, mit denen «gegenwärtig ganz Deutschland Sr. Majestät unsern König auf seiner emporstrebenden Laufbahn» begleite. Zwei Wochen vor der brieflichen Löwenmetapher steht in der «Rheinischen Zeitung», die bei Poeten Namen anzugeben pflegt, ein in Struktur und Versmaß Bettines *Seelied* ähnelndes, mit zwei Sternchen versehenes Gedicht «Der gefangene Löwe». Das verzagte Tier gewinnt nach einem Blick in den Spiegel seine Kraft wieder, worauf es, Kette wie Eisenstäbe zerbrechend, frei in die Wüste «geht». Ein Bettinesches Elaborat? Marx erklärt bald, daß er, «unseres Schmiegens, Biegens, Rückendrehens»[151] müde, Deutschland verlassen will. Ist er der durch den Reflex in Bettines Augen gestärkte Leu? Jedenfalls wird Bettine stets eine den König umkreisende Löwin im Lammfell sein.

Den König regieren

In dem Moment, als Bettines Pfeil zur Verteidigung Spontinis ins Schwarze der Staatsmacht schnellt, erbittet und erlangt sie vom König durch Humboldt Erlaubnis, ihm ein Buch, *was ich diesen Sommer wolle drucken lassen (was aber noch nicht geschrieben ist) zueignen zu dürfen.* Der König werde darin ihre *Verehrung* und Unparteilichkeit erkennen.[152] Was hätte wohl vor drei Jahrhunderten der Autor der «Regierungskunst eines Fürsten», der florentinische Staatsdiener Niccolò Machiavelli, zu dieser die Zensur abhaltenden List gesagt? Ohne Spontinis Namen zu nennen, knüpft Bettine an das (Clemens gegenüber als *Exkrement aller niedrigen Gesinnung*[153] verdammte) *Trauerspiel* des Hinauswurfs Spontinis von 1841 an, als sie Mitte Juli 1843 das soeben anonym publizierte Werk mit der geschickt in den Titel verwobenen Kurzwidmung *Dies Buch gehört dem König* Friedrich Wilhelm IV. zuleitet. Ihr, erläutert sie in einem Begleitschreiben, hat *eine Fabel* vorgeschwebt. Sie will *jener Scheinmacht der Staatskunst, die zwar die Zügel lenkt, aber einen hölzernen Gaul reitet, der nicht vorwärts geht, das Flügelpferd der Volksbegeisterung* gegenüberstellen. Sein genialer Reiter zu sein ist die Bestimmung des Fürsten. Echte Politik müsse erfinderisch *Bedürfnisse wecken*, das Volk *lehren*, seine *Kräfte grenzenlos* auszudehnen. Was aber, *wenn die erwartungsvolle Gegenwart in die offenen Gräber hinabstürzt*? Damit umschreibt die selbsternannte Staatsdienerin die nach etlichen Konzessionen wie dem Anstellen der Grimms erfolgte Reaktion aufs Vorwärtsdrängen des Bürgertums und dessen adeligen Hilfstrupps. Dann bleibt der *König geliebt*, obwohl sie nun *nicht voll jubelnder Zuversicht zu ihm hinauf kann schauen*[154].

Wie der angedeutete Rückschlag aussieht, zeige ein Exkurs.[155] Sieben Übeltäter erscheinen im Herbst 1841 in einem Rapport des Polizeipräsidenten von Puttkammer an den Innen- und Polizeiminister von Rochow. 1. Der nach einem Alkoholrausch von der Berliner Kadettenschule geschaßte Geographielehrer Adolf Rutenberg. Er wird Bauers Schwager und Marx' Vorgänger in der «Rheinischen Zeitung». – 2. Der dem Militär mißliebig gewordene, von ihm entlassene Kupferstecher Theodor Mügge, Verfasser eines Buchs über den Neger-Emanzipator Toussaint (Louverture). – 3. Der Knabenpensionsleiter und Korrespondent namhafter Blätter Friedrich Wilhelm Zabel, später Redakteur der liberalen Berliner «National-Zeitung». – 4. Bettines Bekannter Bruno Bauer. – 5. Der auf der Suche nach einem Beamtenposten aus Bayern übergesiedelte Prediger Karl Riedel, jetzt Chefredakteur des «Athenäum». – 6. Der Literat Ludwig Eichler, vormals Schauspieler, der demnächst wegen «unehrerbietiger Reden» gegen den Monarchen «in einem öffentlichen Lokale» anderthalb Jahre Festungshaft erhält. – 7. Der Buchhändler Cornelius, der als Teilnehmer am Hambacher Fest eine mehrjährige Festungsstrafe hinter sich hat. Am 27. September schaffen diese «Berliner Sieben» anläßlich der Durchreise des süddeutschen Juristen und «Politologen» Carl Theodor Welcker den Rahmen für stundenlange nächtliche Demonstrationen in der «lebendigsten, tobendsten Straße Berlins». Der süddeutsche Liberale sucht Bettine dreimal mit ermunternden Reden auf. Bei ihr meldet sich auch an demselben Tag mit einem Empfehlungsschreiben der Studiosus der Geschichte Jacob Burckhardt. Er wird ein klassischer Kulturhistoriker werden. Vorerst (stellt sich nach hundert Jahren heraus) ist er bei der abendlichen Kundgebung dabei. Wie wird sie organisiert? Die «Doktorklub»-Leute machen einem Polizeibeamten weis – er hält sich wahrscheinlich das rechte Ohr zu –, daß die bei ihm angemeldete Nachtmusik für den Wirt des «Hotels zum Kronprinz» bestimmt sei.

Die Kapelle des Garde-Fuß-Artillerie-Regiments bringt man dazu, dort die Ouvertüre der Auberschen Revolutionsoper «Die Stumme von Portici» zu intonieren. (Die Stumme symbolisiert das geknebelte Volk.) *Tuschs, kräftiges Hurra*, «tausendstimmiger» Gesang «Was ist des Deutschen Vaterland?» und «Freiheit, die ich meine». Welcker, akustisch wie inhaltlich schwer zu verstehen, spricht von seinem Hotelzimmer aus. «Wenn dieses edle Volk der Preußen uns... vorangehen wird in dem Kampf um die bürgerliche Freiheit, dann erst wird Deutschland die Höhe der Macht, des Glanzes und des Glücks erreichen, zu der es berechtigt ist.» Bei einem bis zum Morgen dauernden Gelage in der Krause-Wallburgschen Weinhandlung wagt Bauer eine radikalere, Welcker «chokierende» Rede.

Die Strafen: Professor Welcker, *dieser selbsttätige Mauerbrecher*, wird vom Großherzog von Baden zwangspensioniert. Der Privatdozent Bauer, gegenwärtig an der Universität Bonn, wird nach dem Entzug der Lehrberechtigung vom Katheder verjagt. Hat er doch seine Rede nachher stolz zu Protokoll gegeben. Ausgewiesen, weichen Riedel und Cornelius würdig der Gewalt. Meyen, der zufällig während der Demonstrationen nicht in Berlin gewesen ist, gibt ausdrücklich an, er hätte sonst mitgemacht. Dem «Athenäum», für das er arbeitet, bläst die Zensur das Lebenslicht aus. Er verläßt die Hauptstadt, nachdem er sich an einem «Allerdurchlauchtigster, großmächtigster König, Allergnädigster König und Herr!» salutierenden Gesuch beteiligt hat, Euer «Königlichen Majestät landes-

Die Freien. F. K. Koeppen (g. r.), E. Meyen (4. v. r.), B. Bauer (8. v. r.).
Karikatur von Friedrich Engels

väterliche Huld und Gnade» für einen nach über zwölfjährigem Dienst gefeuerten Mitarbeiter der halbamtlichen «Allgemeinen Preußischen Staatszeitung» zu erflehen. Der Betroffene, ein Übersetzer, hat beim Welcker-Besuch an einem von Mügge arrangierten Mittagessen im «Café National» teilgenommen. Nach dem Gnadengesuch wird die Strafe in Versetzung in eine niedrigere Gehaltsstufe umgewandelt.

Im übrigen bestreiten die Unterzeichner der Eingabe – Eichler, Koeppen, Meyen, Mügge, Rutenberg und Zabel – «vor dem Throne eines so erhabenen, hochgesinnten Monarchen», eine strafbare politische Kundgebung beabsichtigt zu haben. Koeppen kommt dennoch unter Polizeiaufsicht. Auf einen anderen Gymnasialposten versetzt, einen besser bezahlten, denn die Schulbehörde schätzt ihn, vergräbt er sich schließlich ins Studium des Buddhismus. Zabel erteilt der Oberpräsident von Bassewitz wider eigene Überzeugung einen «scharfen Verweis». Der Oberpräsident Flottwell hat seinen Sohn, Oberlandgerichts-Referendar Eduard Flottwell, aus Hamburg herbeizuzitieren und ihn «gehörig» auszuschelten. Er ist nämlich beim Auflauf gesichtet worden. Solche Praxis, die Bettines Berater Varnhagen tagebuchmäßig erfaßt, ist neben der Unterdrückung markanter Presseorgane zu beachten, wenn man mitansieht, wie eine Frau «leidenschaftlicher als alle Männer»[156] für Freiheit kämpft.

Zwei Aspekte fallen dabei auf – Parodie und Utopie. Parodistische Prosa in der Art von Jungdeutschen und Junghegelianern verwendet Bettine im Königsbuch gegen Kirche und Staat. Da spielt Satan mit dem biblischen Baum der Erkenntnis *eine kleine Komödie* vor als *ersten Akt der Weltgeschichte. Der Teufel in Gestalt des Predigers* – hier schimmert Bettines Abneigung gegen die Kirchenfrömmigkeit ihrer Schwester Gunda durch – verbietet den Bauern den Sonntagstanz unter der Linde. Wer aber sonnabends die Nacht durchtanzt und sonntags über schläft, *braucht* sich *für den Kirchgang nicht zu rasieren*[157]. Wieviel komischer schützt doch beispielsweise Engels – er ist 1842 bei den «Freien», einer Fortsetzung des «Doktorklubs» – mit den Spottversen seiner ersten politischen Flugschrift «Der Triumph des Glaubens» (voller Titel sechsmal so lang) den Unglaubensgenossen Bauer! Ihn «verteufelt» er. «Den Höllensohn verrät das lauernde Gesicht.»[158] Zu zahm für eine Satire sind Bettines Handlung, soweit überhaupt bemerkbar; deren Ort – vorwiegend Frankfurt –; Zeit – Anfang des 19. Jahrhunderts – und Hauptpersonen – Frau Rat, ein Pfarrer und ein Bürgermeister.

Satirische Elemente werden in romantischer und jungdeutscher Manier mit utopischen vermengt. Moses Hess, Deutschlands Kommunist Nummer Eins, hat schon 1837 seine anonyme «Heilige Geschichte der Menschheit» ironisch «Allen gottesfürchtigen Regierungen» gewidmet und mit der ernsthaften Verkündigung beendet: «Die Menschheit wird im Innern einig, wie von außen gleich – das Gesetz Gottes wird in jedem Gliede leben.»[159] Der erste Teil des Bettineschen Buchs endet: *Das Gewaltige erlösen im eignen Geist, das ist der Menschheit Aufgabe.* Ein gutes halbes Jahr vor Marx' Pariser Forderung nach einem Bündnis von Proletariat und Philosophie versichert der zweite Teil weniger präzise: *Der Posten des Überblicks ist das Volk, es begreift seine Dichter und Philosophen und hat also den Begriff seiner Zeit.*[160] Der Schluß hält sich methodisch zwischen den mehr deskriptiven Engelsschen «Briefen aus dem Wuppertal» von 1839 und den mehr analytischen rheinischen «Debatten über das Holzdiebstahl-Gesetz» Marx' von 1842. Er besteht einerseits aus der wohl von Bettine nachgeprüften und polierten, mit 50 Talern honorierten sozialwissenschaftlichen Reportage des zwei Semester in Berlin studierenden vierundzwanzigjährigen Heinrich Grunholzer, Überschrift: *Erfahrungen eines jungen Schweizers im Vogtlande* (der Handwerker- und Armenkolonie vor Berlins Hamburger Tor). Andererseits enthält er Bettines Appell an Bürgerliche, die sich in die Adelsschicht eingekauft haben. *Soll der Adel euch adeln, den mit Wucherglück der Bürger seiner Abkunft zum Hohn im adeligen Gute sich ankauft, so mach' er, statt Luxusanlagen*

Moses Hess um 1845.
Ölgemälde von Gustav Adolf Köttgen

von Tempel und Grotte und tanzenden Wassern, – Anlagen für Heimatlose;
und sein Sommerpläsir, die english cottage, mach' er zur deutschen Hütte,
worin deutsche Armut sich erholt; den englischen Rasen teil' er aus zu Fel-
dern für Kartoffel und Brot, und er ist Edelmann. Wer wird widerspre-
chen? [161] Ob der König, der in «seinem» Buch bloß blättert, bis zu dieser
Aufforderung zum Umverteilen vordringt? Varnhagen tadelt nach der
von Bettine aus dem Manuskript vorgelesenen Kostprobe, trotz Begeiste-
rung für «Komposition», «glücklichsten Humor» und «tiefsinnigste,
kühnste, schlagendste Sachen» die «Grund- und Erbfehler aller Arnim-
Brentanoschen» Produkte: «Auswüchse und Weitschweifigkeiten, Man-

gel an Ebenmaß und Überfülle.»[162] Hätte sie als disziplinertere «enga-
gierte Sachbuchautorin»[163] wohl uneingeschränktes Lob geerntet?

Ein Bettinescher Sachbuch-Versuch ist 1844 die Antwort auf eine schon
1842 von der Potsdamer Regierung gestellte Preisfrage: «...ob die Klage
über die zunehmende Armut begründet sei, was die Ursachen und Kenn-
zeichen der Verarmung seien und durch welche Mittel einer zunehmen-
den Armut könne gesteuert werden.»[164] Der – postume – Herausgeber
skizziert dessen Gestationszeit. Der Literat Georg Friedrich «Daumer
hatte ihren Goethe-Briefwechsel in Verse gebracht. Ihr Königsbuch aus
dem Vorjahre ist noch Anfang 1844 Gegenstand von Zensuraktionen, als
Adolf Stahrs Schrift ‹Bettine und ihr Königsbuch› im Februar verboten
wird. Ihr jüngstes Buch *Clemens Brentanos Frühlingskranz* aus diesem
Jahr verwickelt sie in die heftigsten Kämpfe mit der Zensur.» Moniert
wird unter anderem das Fehlen des Verfassernamens im Titel! In dieser
Brandung blinkt Mitte Mai als Leuchtboje ein Aufruf in der «Magdebur-
gischen Zeitung». «Was hast Du denn für einen Bekannten, der für die
Magdeburger Zeitung Korrespondenzartikel schreibt?» fragt Julius Döring am 10. Juni Bettine dazu, «er rühmt sich Deiner Bekanntschaft, eines
Auftrages in Bezug auf Dein Armenbuch; er lobt Dich, er verteidigt Dich
– aber wie! –; er verdiente noch bei Lebzeiten als Urphilister in Spiritus
aufbewahrt zu werden.» Trifft der Spott den aus Althaldensleben bei
Magdeburg stammenden Nathusius? Sein bzw. Bettines Weckruf erzeugt
ein starkes Echo: «herzzerreißende Bittbriefe», «Denkschriften, die von
den Kommunalbeamten größerer Städte für sie ausgearbeitet wurden»,
Abschriften aus schlesischen Zeitungen, darunter ein Bericht über den
Weberaufstand. Ihn reicht Bettine mit zwei Zeilen aus Schillers Ode «An
die Freude» an Humboldt weiter, der Friedrich Wilhelms Ohr hat. Ein
Paradebeispiel für instrumentalisierte Literatur. Die sozialwissenschaft-
lich wertvollsten Materialen kommen jedoch nach vorheriger Verständi-
gung schon im März – von dem schlesischen Fabrikanten Friedrich Wilhelm Schloeffel. Wie Engels, der in diesem Jahr nach siebenjähriger Ausbildung in Barmens, Bremens und Manchesters Betrieben mit intimen
Einblicken in die Arbeitswelt seine Lehre abschließt, kennt Schloeffel aus
eigener Anschauung, was er in einer Liste mit Angaben über 92 Arme
darstellt. «Sie füllt 22 große beiderseitig beschriebene Blätter», berei-
chert um ein Memorandum von zwölf ebenso beschriebenen Blättern. Es
ist einstweilen die einzige theoretische Auswertung für Bettines Manu-
skript-Unterlagen, die sich teilweise überlappen. Die Bögen werden un-
verzüglich für den Druck eingerichtet.

Doch die Ereignisse überrollen Bettines Armenaktion. Am 9. Juni erfährt Berlin vom Aufstand der Weber, vom Anmarsch der Truppe, die auf
Aufständische schießt. Am 16. Juni setzt die Aburteilung von Aufrührern
ein. Und schon beschuldigt der Innen- und Zensurminister Adolf Heinrich Graf von Arnim-Boitzenburg Bettine als Ursache des Aufstands.

Magdeburgische Zeitung.

Nr. 113.  1844.

Mittwoch, den 15. May.

Im Verlage der Faber'schen Buchdruckerey. (Redakteur F. H. U. Faber.)

☞ Die nächste Nummer dieser Zeitung erscheint Freytag, den 17. May.

† Berlin, vom 13. May.

Bekanntlich hat die geniale Frau Bettina von Arnim den schönen und rühmlichen Entschluß gefaßt, dem Armenwesen in Deutschland ihre besondere Aufmerksamkeit und Thätigkeit zu widmen. Die Ergebnisse ihrer ehrenvollen Thätigkeit in dieser Beziehung will Frau Bettina von Arnim zusammenfassen und in einem besondern ausführlichen Werke der Oeffentlichkeit übergeben. Zur Förderung dieses Werkes der Menschenliebe sind wir nun ermächtigt, in diesen Blättern einen Aufruf an Alle, welche über den Zustand des Armenwesens in Gemeinden, Kreisen, Bezirken, Provinzen u. s. w. des gesammten Deutschen Vaterlandes genaue Auskunft zu geben vermögen, hiermit zu erlassen und dieselben zu ersuchen, der Frau Bettina von Arnim getreue Berichte darüber zukommen zu lassen. Besonders wünschenswerth würde es (auch) seyn, wenn in diesen Berichten angeführt würde, was bis jetzt zur Abhülfung des Uebels in den einzelnen Gemeinden, Kreisen u. s. w. geschehen ist und welche Mittel sich wohl zur Verminderung der Noth als wirksam erweisen dürften. Deutschland wird auf diese Weise über ein Uebel in seinem Schooße volle Aufklärung erhalten, das bey stetem Zunehmen sich für die Zukunft immer drohender gestalten kann. Das Unternehmen der Frau Bettina von Arnim ist daher eben so verdienstvoll, als edel und großartig. Sie bekundet dadurch, daß sie nicht bloß eine durch Geist hervorragende Frau ist, sondern daß ihr auch ein warmes Herz für die Leiden der Menschheit im Busen schlägt. Das Deutsche Vaterland wird die edeln Bestrebungen einer Frau, die sich ein solches Ziel vorgesteckt hat, wie wir es oben bezeichneten, dankbar anerkennen. Trägt das großartig angelegte Werk die gewünschten und beabsichtigten Früchte, so hat sich Frau Bettina von Arnim ein bleibendes Denkmal bey der Deutschen Nation gesetzt und sich den schönen Namen einer Wohlthäterin erworben, der von Tausenden und abermals Tausenden im Deutschen Vaterlande gesegnet werden wird. Von der gesammten Deutschen Presse, die bey solchen Anlässen immer einen edeln und guten Sinn bekundet, läßt sich mit Zuversicht erwarten, daß sie das vaterländische Unternehmen der Frau Bettina von Arnim, durchdrungen von der Wichtigkeit und Dringlichkeit desselben, auf alle mögliche Weise fördern und unterstützen wird. Es sind die Armen und Unglücklichen, welche mit vollem Rechte ihre Ansprüche auf die mächtige Hülfe der Presse geltend machen.

Von Bettine angeforderter Armenbericht, mit Vermerken von ihrer Hand

Bettine – Varnhagen sieht sie in diesen Tagen weinen – erschrickt vor dem von ihrem Namensvetter erhobenen Vorwurf der Schreibtischattentäterschaft. Rasch unterrichtet sie Humboldt von dem Entschluß, das Armenbuch anderswo *als hier unter den Augen des Königs* zu publizieren. Humboldt stimmt ihr darin zu. Dann wird das Unternehmen *einstweilen abgebrochen*. Es ist bloß ein Rückzugsgefecht, wenn Humboldt *ein paar Bogen... nicht zum Lesen, sondern zum Einsehen* zuflattern. Er soll ahnen, *was diese Leute dort gelitten, ehe es so weit kam: die Frucht verkam vor Mangel an Nahrung im Mutterleib, die Kinder werden als Skelette geboren!* Zum Handeln wird Humboldt lediglich in dem Fall des von Soldaten tödlich verwundeten Handwerkers und seiner Mutter gedrängt, mit der Bettine gesprochen hat. Die Frau bekommt danach von der Stadt Berlin eine Pension. Ende August leitet Humboldt Varnhagen für sein Archiv Bettine-Dokumente zu. Im industriell noch unterentwickelten Berlin ist nicht mehr zu erreichen als die darin liegende Anerkennung, als die Mund-zu-Mund-Propaganda durch Bettines geflügeltes Wort, der König möge *den hier beabsichtigten Dom in tausend Hütten in Schlesien bauen*[165]. Welche Dynamik entfalten demgegenüber im industrialisierten Wuppertal 1845 die von Hess und Engels organisierten, bis zu 150 Be-

Alexander von Humboldt. Gemälde von Karl Begas, 1844

amte, Fabrikanten und Kaufleute anziehenden, danach verbotenen ersten sozialistischen Versammlungen Deutschlands! Oder Engels' durch
Sekundärliteratur gepolstertes, indirekt auf deutsche Zustände abzielendes Pamphlet «Die Lage der arbeitenden Klasse in England». Oder Hess'
«Gesellschaftsspiegel», ein in Bettines Bibliothek vorhandenes Elberfel-
der «Organ zur Vertretung der besitzlosen Volksklassen und zur Beleuch-
tung der gesellschaftlichen Zustände» von 1845/46. Für Berliner Verhältnisse bedeutet es eben schon viel, wenn Ende 1844 in *Arnim's Verlag* die
Schrift des schwedischen Emigranten Georg Svederus «Über Industrialis-
mus und Armuth» mit einer interessanten Anmerkung der Herausgebe-
rin (Bettine) über die revolutionäre Bedeutung der Religiosität herausge-

bracht wird und der *Frühlingskranz* zur Entrüstung der Regierungstreuen im Berliner Verlag von Bruno Bauers Bruder Egbert erscheint.

Folgenreich kann sogar im freieren Frankreich Widerstand von Deutschen gegen das in Preußens Metropole verankerte Regime sein. Am 26. Juli 1844 wird im Berliner Schloßhof auf das Königspaar aus einer Doppelpistole ein Schuß abgefeuert. Attentäter ist Heinrich Ludwig Tschech. Acht Jahre ist er Bürgermeister einer Kleinstadt in der Mark Brandenburg gewesen. Sein Einspruch gegen Korruption und Auspowerung der sozial Schwächsten wird 1840 mit seiner Absetzung geahndet. Ohne Wiederbeschäftigungs- oder Pensionsansprüche, ohne die Möglichkeit, mit dem König über seine Behandlung zu reden, entschließt Tschech sich zu einem radikalen Signal für eine erhoffte allgemeine Erhebung. Verletzt wird – der Mantel des Herrschers. Marx' und Engels' Freund Bernays, seit Anfang Juli 1844 Chefredakteur des Pariser Emigrantenblatts «Vorwärts!», erklärt darin, das Attentat sei das einzige stichhaltige Argument gegen den deutschen Absolutismus. Alle andern hätten «nicht angeschlagen»[166]. Für diese Argumentation wird Bernays als gesetzlich Verantwortlicher zu zwei Monaten Gefängnis verurteilt. Und zu einer Geldbuße plus Kosten für «Unterbringung und Verpflegung».

«Fluchwürdiges Verbrechen», «Tat eines Wahnsinnigen», verbellen preußische Zeitungen den Attentäter. «Beiden Behauptungen tritt Bettine entgegen.» Der Terrorist ist für sie weder verbrecherisch noch verrückt. Varnhagen nach will sie sich seiner annehmen. Sie will dem König, der bei der Verurteilung Tschechs geweint haben soll, den Vorschlag machen, er möge Tschech zu sich beordern. Es müsse klarwerden, daß zwischen Täter und Opfer eine psychische Beziehung existiere. Danach wäre Begnadigung angebracht – allerdings auch, wegen der «Freiheit für Tschech», Abschiebung nach Nordamerika.[167] Was statt dessen geschieht, zeichnet Jenny Marx nach in einem ihrer brillanten Briefe, den sie Karl bei einem kurzen Besuch aus Trier schreibt: dort führt sie der Familie das einen Monat alte Töchterchen Jenny vor. «Ich erhielt Deinen Brief grade in dem Moment, als die Glocken läuteten, Geschütze feuerten und die fromme Schar in die Tempel wallte, dem himmlischen Herrn ein Halleluja zu bringen, daß er den irdischen Herrn so wundersam gerettet.»[168] Zu Marx' Erheiterung gestaltet der «Vorwärts!» daraus einen der wenigen Pressebeiträge seiner Frau. Als Exilierte kann sie jetzt witzeln, während die innere Emigrantin Bettine den Tag, an dem Tschech in aller Stille in Spandau mit dem Beil hingerichtet wird, in Wut und Trauer zubringt. (Gnadenhalber wurde der Täter nicht gerädert.) *Wie konnte sich der König so beflecken!*[169]

Welche Bedeutung der inneren Emigration zukommen kann, demonstriert Schloeffels Schicksal. Obwohl wegen der für Bettine unternommenen Recherchen unter Polizeiaufsicht gestellt, hält er Anfang 1845 im

HEINRICH LUDWIG TSCHECH
BÜRGERMEISTER.

Bürgermeister Tschech.
Aus dem Buch seiner Tochter, 1849

Hirschberger Bürgerverein Vorträge über Preußens Pauperismus, Städteordnung und Steuerverfassung. Ein Denunziant spürt darin «revolutionäre Gesinnung». Schloeffels dem schlesischen Provinziallandtag zugesandte Denkschrift wird nach Drucklegung beschlagnahmt, Schloeffel selbst Mitte März verhaftet. Seine Tochter erbittet Hilfe von Bettine. Sie ist nun eine politische Kraft, auf die staatlich Verfolgte bauen. Mitte Juli rechtfertigt sie den in sie gesetzten Glauben. *Euer Majestät untertänige Bettine Arnim* verfaßt hier ein poetisch, politisch und juristisch gleich meisterhaftes Schriftstück. *Einmal hat des Königs Hand die meine berührt, ich habe seine Hand festgehalten und in dieser Minute Gelübde für ihn getan.* So verlängert die Bittstellerin die ihr vor zweieinhalb Monaten gewährte Audienz, um durch eine Kettenreaktion zwischen Volk und Monarch gegenseitiges Vertrauen zu stiften. Sie möchte ihn davon überzeugen, *daß es des Königs Würde nicht benachteilige, wenn er dem Volke in seinen gerechten Ansprüchen entgegenkomme, und daß es die Basis einer genievollen Regierung sei, lieber dem Unrecht nachzusehen als auch nur im geringsten die Verheißungen der Gerechtigkeit, des Schutzes und der Heilighaltung des Vertrauens seiner Untertanen verletzen, den Übereilungen preisgeben.* Der König erwidert, Schloeffel habe ihn und die Königin «ermorden» wollen. Einen negativen Bescheid auf eine unmittelbar vorhergehende schriftliche Intervention Bettines liefert auch Prinz Wilhelm von Preußen. Erst Ende des Jahres erreicht ein Anwalt Schloeffels Freilassung «wegen völligen Mangels an irgendwelchem Beweismaterial»[170].

Das politische Klima, in dem Bettine Aktionen zugunsten von Inhaftierten unternimmt, deutet eine Passage in ihrem Gesuch für Schloeffel an. Sie befaßt sich mit George Sand. Hinter dem männlichen Pseudonym und einem Paar Männerhosen verbirgt sich die französische Sentimental-, Sozial- und Ruralschriftstellerin Baronin Aurore Dupin-Dudevant. (Gutzkow konstatiert, daß sie Bettine ähnele.[171]) Eine Anregung dieser zwanzig Jahre Jüngeren vom Frühjahr 1845, Bettine möge über Goethes Haltung zum Gleichheitsideal schreiben, ein Buch mit dieser Thematik werde in Frankreich «mit offenen Armen» aufgenommen werden, kommt mit erbrochenem Couvert an. Die Berliner Presse, der Varnhagen den geöffneten Brief zugespielt haben mag, um die Verletzung des Postgeheimnisses anzuprangern, macht daraus einen Briefwechsel über *Kommunismus und Sozialismus*. Bettine ist außer sich. *Dieser Briefwechsel hat nie existiert. Denn ein einziger Brief, den ich von ihr empfangen und in eine Sammlung berühmter Handschriften* (ersichtlich Varnhagens) *schenkte, kann nicht als Briefwechsel aufgeführt werden, der mein Interesse am Armenwesen verdächtigte.* Um der Verdächtigung keinen weiteren Vorschub zu leisten, verschiebt Bettine ihre Antwort um ein ganzes Jahr und bedient sich dann als Deckadresse der Übersetzerin des Goethe-Buchs, Hortense Cornu. *Je n'ai point osé profiter de la permission de lui écrire*[172] (Ich habe es keineswegs gewagt, von der Erlaubnis, ihr zu schreiben, Gebrauch zu machen). Die Initiative zu einem weiblichen, wirksameren Gegenstück zu den «Deutsch-Französischen Jahrbüchern» von 1844 führt zu nichts. Weiblich: unter den Autoren der Jahrbücher – Bakunin, Bernays, Engels, Heine, Hess, (Jakoby), Marx und Ruge – ist keine Frau. Wirksamer: diese Flüchtlinge haben keinen Franzosen als Mitarbeiter gewonnen.

Immerhin erreicht die Cornu, die jahrelang mit Prinz, danach Kaiser Louis-Napoléon Bonaparte korrespondiert, von Bettine, daß sie ihre Verbindung mit dem Hohenzollern zugunsten von Louis von Mieroslawski einsetzt. Seitdem der polnische Aufstand von 1830 gegen Rußland durch russische Truppen niedergeschlagen worden ist, lebt der in Frankreich Geborene und Ausgebildete meist in Paris. 1844 leitet er einen Aufstand in Posen, nach dessen Scheitern er verhaftet und ins Moabiter Staatsgefängnis geschafft wird. Mitte April 1846 appelliert Hortenses

Verbündete an die *Geniuskräfte der königlichen Gnade*. Die Nachricht, daß der Gefangene nicht ausgeliefert wird, ermutigt Bettine Weihnachten 1847 «zu weiteren Schritten», um die Mieroslawskis Schwester sie angeht. *Welche Beschämung vor aller Welt, den Preußischen Staat gefährdet zu sehen durch den Besuch einer jungen Schwester* bei ihrem inhaftierten Bruder, attackiert sie eine Maßregel der preußischen Justiz. Der Pole betrachtete *Hinrichtung* als *Heldentod, der ihn befreie von der Einkerkerung*. War er Anfang Dezember mit sieben weiteren Angeklagten zum Tod verurteilt worden, so ermöglicht die Umwandlung des Todesurteils in lebenslange Zuchthausstrafe die Fortführung eines Dialogs. Friedrich Wilhelm IV. weist die Anklägerin seiner Behörde hochmütig zurück. «Dies Blatt und ein andres beweisen mir, daß Sie, wie es dem Weibe wohl ansteht, sich fern von der Tragödie des großen Prozesses gehalten haben, ja von demselben gar nichts wissen, und daß nur der edle Drang, Leiden zu mildern, Sie in Bewegung setzt.» In Wahrheit setzt sich in jenem Jahr eine europaweite Bewegung in Marsch, auf deren gemäßigt-linkem Flügel Bettine mitmarschiert. Der unter dem Jubel des revolutionären Berlin befreite Mieroslawski ist in der Delegation, die Friedrich Wilhelm bzw. dem zu seiner preußisch-polnischen Lösung neigenden Außenminister, dem Freiherrn von Arnim-Suckow, die nationale Reorganisierung Polens abtrotzt. Neuer Aufstand in Polen unter Mieroslawskis Führung, erneute Verhaftung. 1849 ist der polnische Revolutionär Oberstkommandierender der badischen Revolutionsarmee, in der Engels einen Adjutantenposten hat. «1863 Diktator in Polen. Er starb 1878 im französischen Exil.»[173] Doch noch beschäftigen uns Vormärz und Revolutionsereignisse.

Varnhagens Tagebuch ermöglicht uns, Hoffnungen, Bemühungen und Enttäuschungen Bettines in dieser Epoche mitzuerleben. «Sonntag, den 28. September 1845: Was für Antwort ist ihr geworden auf ihre schönen Zuschriften! ... Man kann den Propheten, der solche Weisheit bringt, gradezu auslachen. Dagegen wird sie sich einst von der Tribüne herab hören lassen, und dann wird man nicht mehr lachen ...» (Punkte im Original). «Sonntag, den 19. März 1848: Bettine von Arnim kam gegen Mittag mit Gisela ... Sie waren beim Schlosse. Alle Minister haben abgedankt ... Savigny war bis zum Augenblick in dummer Verblendung.»[174] Den zweiten und dritten Tag der Revolution schildert Bettine ihrem Siegmund.[175] Eine Tribüne steht für weibliche Revolutionäre allerdings bloß in Form von Galerien zum Zuschauen, Zuhören und allenfalls Zurufen zur Verfügung. Darum kommentiert, plädiert, agitiert Bettine privat – bis zum letzten Akt des Revolutions- und Reaktionsdramas. Zwischen dem Reichsverweser Erzherzog Johann und der Mehrheit des Frankfurter Parlaments herrscht kein Einvernehmen mehr, im Ministerrat keine Einigkeit über die Verteidigung der gesetzlich verkündeten Reichsverfassung. Preußen schickt sich an, die Revolutionäre niederzuwerfen. Seine

Louis von Mierosławski

vor dem Gerichtshofe.

„Si donc il y a conjuration permanente dans toute la Pologne, c'est qu'il y a maladie insupportable et incessant, depuis que les caprices humains ont voulu séparer, dissoudre, anéantir ce que Dieu, dans ses desseins suprèmes, avait voulu cimenté, animé du nom imperissable de nation Polonaise."

Louis von Mieroslawski vor dem Gerichtshof.
Lithographie, 1846

Soldaten! Wehrmänner!

Eure Tapferkeit verdient den Dank des Vaterlandes.

Der gestrige Tag hat den Ruhm Eurer Waffen begründet, am Neckar in Ladenburg flieht der Feind, in Ludwigshafen erschöpft er sich in vergeblichen Anstrengungen und verliert sehr viele Leute durch das wohlgezielte Feuer unserer braven Volkswehr-Artillerie, und ihrer tapferen Bedeckung.

Soldaten! Offiziere! Das Vaterland spricht Euch seinen Dank aus, Europa blickt auf Euch, Soldaten! Ich empfehle Euch, die strenge Aufrechthaltung der Mannszucht, sie ist die Bürgschaft des Erfolgs.

Ueberlaßt nicht dem Feinde den Vortheil der Disciplin. Das Uebergewicht, was Eure eifrige Vaterlandsliebe Euch über ihn verleiht, würde sonst dadurch ausgeglichen werden.

Mannheim, den 16. Juni 1849.

Der Obergeneral
Ludwig Miroslawski.

Aufruf Mieroslawskis, 1849

Gottfried Kinkel im Gefängnis. Lithographie von E. Dorner, 1848

Rechte, teilt Bettine am 5. Mai 1849 Friedmund mit, greift nach Freimund *als nach dem goldnen Apfel.* Er soll für die Zweite Preußische Kammer, die aufgelöst worden ist, kandidieren. *Wie lächerlich ist doch vom alten Savigny, daß er den Freimund für einen rettenden Geist hält und ihn dem König dringend empfiehlt!*[176]

Ende Juni dringt zu Gisela ein Hilfeschrei aus Rastatt von ihrer ehemaligen Musiklehrerin. Sie ist die Frau Gottfried Kinkels, des radikaldemokratisch-sozialistischen Abgeordneten der aufgelösten preußischen Kammer. Er war Sekretär der Kaiserslauterner Revolutionsregierung, von den Preußen verwundet, gefangengenommen worden – ein Todesstrafen-

Kandidat. Am 9. Juli überreicht Gisela, während die Mutter ihre *bescheidene Equipage* am Fuß von Sanssouci warten läßt und *einen Feldblumenstrauß sucht*, dem König beim Morgenspaziergang eine Bittschrift Bettines, der diese ein halbes Dutzend ergreifender Briefe nachschickt. *Alle Tage bietet der Baum der Geschichte Blüten des Ruhmes*[177], verlockt der letzte dieser Briefe zu einer Gnadengeste. Kinkel wird begnadigt – zu lebenslangem Zuchthaus, aus dem sein Schüler und Mitstreiter Karl Schurz, künftiger US-Innenminister, ihn unter anderem mit Hilfe eines lebenslang mit ihm befreundeten Arztes befreit.[178]

An die Paulskirchler und nach deren Zusammenbrechen *An die aufgelös'te Preußische National-Versammlung* richtet Bettine die äußerlich originellste, inhaltlich «politischste» ihrer Schriften.[179] Sie ist nämlich (von ihr!) *Der Frau Bettina von Arnim* gewidmet, angeblich von *St. Albin* (modifiziertes Pseudonym Hortense Cornus) geschrieben und datiert von Mitte Dezember 1848, einen Monat nach Erschießung des rheinischen Polen-Freunds Robert Blum.[180] Literatin, Politikerin, Prophetin engagiert Bettine sich hier tapfer für Polens Freiheit. Wie sie das anpackt? Davon gibt ein Motto unseres Schlußkapitels einen Begriff.

Künstlerin unter Künstlern

Es ist keine machiavellistische Finte, daß Bettine bei der Petition für Kinkel in einem Atem von den angepriesenen *Blüten des Ruhmes* und ihren musischen Neigungen redet. *Meinem geistigen Trieb nach würde ich vorziehn, in der Einsamkeit dem Genuß und der Übung der Kunst mich zu widmen; dies würde meine Welt ausmachen.*[181] Vermutlich nicht eigenhändige Aufzeichnungen von Kirchenliedern zeugen in einem nach New York verschlagenen Teil ihres Nachlasses wohl vom Musikunterricht in der Klosterschulzeit. In Offenbach und hernach in Frankfurt ist der Bratschist Philipp Carl Hoffmann ihr wichtigster, wenn auch nicht wirksamster Lehrer. Als Achim in die «Zeitung für Einsiedler» ein Lied von ihr aufnehmen will, ist sie immer noch nicht *vermögend, ein Lied* auch *nur in Takt zu bringen oder leserlich zu schreiben oder richtig in die Akkorde zu setzen.* Das alles muß der *Meister* besorgen. *So wäre es sehr unrecht, ein Lied, das ich zwar gedacht, aber nicht gemacht habe, für mein Werk auszugeben.* In München nimmt sie bei Kapellmeister Peter von Winter Stunden in Gesang, Klavier und Komposition, zuweilen zweimal täglich. Abends geht sie mit in die Musikproben. Freilich ohne «daraufhin fremde Hilfe beim Aufschreiben ihrer Einfälle entbehren zu können», vermerkt Renate Moering, die neuerliche Erforscherin ihrer musikalischen Leistungen. In Berlin gehört die über eine ausbildungsfähige, tiefe Altstimme Verfügende unter anderem zwei Jahre der Singakademie an, die sich an Bachs h-Moll-Messe wagen kann. In Bettines einziger veröffentlichter Liedersammlung finden sich Stücke mit «eigenwilligem Rhythmus», «großen Intervallsprüngen», eine in den letzten vier Takten vorgenommene Modulation, «die dem zeitgenössischen Kritiker noch zu kühn war», sinnumkehrende «Texteingriffe», störendes «Unisono in allen Stimmen», doch auch reizvolles Höherliegen des Tenors im Duett mit der Frauenstimme. Schon in Bettines erster publizierter Komposition, dem in Landshut geschriebenen, alsbald in die Musikbeilage zu Band II der Arnimschen «Geschichte der Gräfin Dolores» aufgenommenen Trauermarsch erkennt die Expertin Eigenwilligkeit – «durch die rhythmischen Verschiebungen und durch den Schluß auf der Terz». Solche Abweichungen von der Norm fügen sich ebenso ein in die kommende Entfesselung des europäischen Kunstgeschmacks wie in Bettines Naturell, das im Er-

5. Lied des Schülers

Aus: Isabella von Ägypten, Kaiser
Karl des Fünften erste Jugendliebe
Eine Erzählung von Achim von Arnim

Melodie von
Bettina von Arnim
(Beans Beor)

(Originaltonart F-dur)

Notenbeilage zum
ersten Novellenbande

Langsam.

1. Die frei - e Nacht ist auf ge - gan -
2. Die Lieb - ste ist mir heut' ge - stor -
4. Wie oft hab' ich hier froh ge - ses -

gen, un - sicht - bar wird ein Mensch dem
ben, wo sie dem Fein - de sich ver -
sen, wenn al - le Ster - ne im Er -

an - dern, so kann ich mit den
mäh - let, ich ha - be Lieb' in
blas - sen, ach, al - le Welt hat

Bettines Komposition zu Achims «Isabella von Ägypten», 1843

scheinungszeitraum ihrer Liedersammlung in zunehmende Lust am Politisieren ausufert. Diese Sammlung ist – eine Fanfare! – dem einen Monat darauf Berlin entfliehenden Spontini gewidmet. Ein Exemplar von *Dédié à Spontini* (Spontini dediziert) schickt Bettine Liszt. Nach dessen «Zehngroschen-Konzerten» für Studenten- und Minderbemitteltenhilfe hofft die *ich liebe Dich* Gestehende, daß das Idol der 1842er «Lisztomanie»[182] im *lauten Hurra der Studenten* den Widerhall seines Wesens verspürt. *Wie ist ihr strebsamer Geist umgarnt – alles ist darauf angelegt, die Geistesfreiheit zu ersticken, die der einzige Keim des Werdens ist.*[183] Der Maestro, damals auch Armgards Verehrer, geht auf Spontini ein, nicht aber auf die Tonsätze und Vorschläge der mit französischen Liebesbriefen und einer Komposition von ihm umworbenen Mutter. Er begegnet den ihm nachreisenden Arnims vielmals in Frankfurt, München, Berlin und Weimar. Bis sich Bettine, hauptsächlich wegen der von ihr abgelehnten Opern Richard Wagners, mit ihm entzweit.

Bettines persönlicher Umgang mit Größen im Reich der Töne ist interessanter als ihre eigenen Noten. Beethoven, der vom Oktober 1809 bis Mai 1810 den Auftrag ausführt, Musik zum Goetheschen Trauerspiel «Egmont» (op. 84) zu komponieren, kehrt Ende April nach zweijähriger Abwesenheit ins Wiener Mölker-Bastei-Gebäude des Barons Pasqualati zurück. Bettine, begleitet von ihrer in Wien beheimateten Schwägerin Antonie, nimmt in der zweiten Maihälfte in dem «Beethoven wohlvertrauten Birkenstockschen Hause Quartier»[184]. Es kann kaum ausbleiben, daß die stets nach Sternen Ausschau haltende fünfundzwanzigjährige Musikdilettantin den fünfzehn Jahre älteren Schöpfer der Fünften Symphonie und der Pastorale aufsucht. Hier ist ihre früheste, für den Landshuter Vertrauten Freyberg bestimmte Darstellung des später von ihr romantisch ausgemalten Ereignisses: *Eine Gewalt, die mehr Willen hat als ich selber, zog mich zu diesem Manne, sosehr auch alles gegen ihn* sprach. *Da ich bei ihm eintrat, ging er auf mich los, sah mich starr an, drückte mir die Hand, spielte auf mein Verlangen, was er seit Jahren nicht getan hatte, ging mit und blieb bis abends 10 Uhr. Bei dem Abschied drückte er mich wie jemand, den man lange liebhat, ans Herz. Noch 2 Abende kam er. Es waren die letzten, die ich in Wien war. Er bat mich, um Gottes willen ihm zu schreiben. Es sei ihm der einzige Trost für tausendfaches Unglück...*[185]

«Jedenfalls entsprach sie ganz seiner Vorstellung eines emanzipierten Mädchens»[186], kommentiert ein Musikhistoriker das, was für die von Männer-Vorurteilen Emanzipierte ein beglückender Flirt gewesen sein dürfte. Die von ihr als «unsicher, schwach, faselig» wirkender «alter Frau» gegenüber Varnhagen aufgestellte Behauptung, Beethoven habe ihr damals einen Heiratsantrag gemacht[187], ist unbewiesen und sein «Sonett an Bettine» – ein Bettinesches Verwirrspiel – von ihr selbst.[188] Um so beredter ist das «für Bettine Brentano» signierte «Herz, mein Herz, was soll das geben?», einer der «vier bedeutendsten von den sechs Gesängen» (op. 75)[189]. Hinzu kommt, was im «einzigen als echt verbürgten Brief Beethovens»[190] an Bettine steht. (Zwei andere sind historiographisch dubios.) «Ihren ersten Brief habe ich den ganzen Sommer mit mir herumgetragen, und er hat mich oft selig gemacht... nun leb' wohl, liebe, liebe Bettina! Ich küsse dich auf deine Stirne und drücke damit, wie mit einem Siegel, alle meine Gedanken für Dich auf. – Schreiben Sie bald, bald, oft

Bettine. Anonyme Aquarellminiatur
auf Elfenbein

Ihrem Freund Beethoven.»[191] Dadurch wurde Bettine «die Einzige», die sich bis dahin und von da an «in Beethovens Briefen mit ‹Du› angeredet fand»[192]. Der rasch Entflammte verliebte sich danach offenbar in ihre Schwägerin «Toni» – «die erste (und soweit wir wissen, einzige Frau, die ihn jemals als Mann ganz akzeptiert hatte)»[193], schreckte aber vor der ihm angebotenen, durch Scheidung von Franz erreichbaren Ehe zurück.

Bettines Interesse beschränkt sich wohl auf den Künstler, der «jetzt, kurz vor und während der Zeit der Bettina-Freundschaft, in überraschend großer Anzahl... fast ausschließlich Goethesche Texte»[194] vertont. Politisch, kunstpolitisch, wie sie schon in dieser Lebensphase handelt, veranlaßt sie Beethoven, Goethe anzuschreiben. Mitte April 1811 kündigt der Wahl-Wiener in Weimar seine «Egmont»-Musik an. «Bettine Brentano hat mich versichert, daß Sie mich gütig, ja sogar freundschaftlich aufnehmen würden. Wie könnte ich aber an eine solche Aufnahme denken, indem ich nur imstande bin, Ihnen mit der größten Ehrerbietung, mit einem unaussprechlichen Gefühl für Ihre herrlichen Schöpfungen zu nahen!»[195] Ein «im voraus»[196] abgestatteter, höflicher Dank für die angekündigte Partitur, wie eine anderen gegenüber geäußerte Befürchtung Goethes, daß ein ohnehin langes Stück durch eine mächtige Symphonie (damaliger Ausdruck für Ouvertüre) noch länger wirke, mahnen jedoch zur Vorsicht gegenüber Kapellmeister E. T. A. Hoffmanns Jubelruf, hier seien «zwei große Meister in einem herrlichen Werke verbunden»[197].

Auch die Verbindungskette Goethe–Bettine–Beethoven läßt zu wünschen übrig. Zwar räumt Goethe prompt ein: «Die gute Bettine Brentano verdient wohl die Teilnahme, welche Sie ihr bewiesen haben. Sie spricht mit Entzücken und der lebhaftesten Neigung von Ihnen und rechnet die Stunden, die sie mit Ihnen zugebracht, unter die glücklichsten ihres Lebens.»[198] Als aber die beiden Heroen zwischen dem 19. und 23. Juli 1812 in Teplitz zusammentreffen und Goethe Beethovens Spiel wiederholt lauscht, da kommt offenbar keinem von beiden der Einfall, Bettine gemeinsam für den gegenseitigen Genuß zu danken. Für Goethe ist sie damals, wie wir erinnern, «Tollhäuslerin» – eine betrübliche Überreaktion, wenn auch neuere Forscher die Versicherung eines älteren ablehnen, «unzweifelhaft» habe «keiner der Mitlebenden tiefer hineingeschaut in die mystische Schaffensquelle des Genius als die selbst so rätselhafte Sibylle der deutschen Romantik»[199].

Mitte Mai 1838 erlebt Bettine im vollbesetzten Berliner Opernhaus den «Faust» mit der Musik des dann schon fünf Jahre toten Fürsten Anton Heinrich Radziwill. «Die hiesigen und fremden Höfe, die höhere Staats- und Literaturwelt, die Studenten, Offiziere, ein wunderbarer Eindruck... ein entscheidender Sieg in Meinung und Ansehen» für Goethe, trägt Varnhagen ein. «Rechts von mir war... Bettine von Arnim, links Mendelssohns»[200] – alte Bekannte Bettines. Eine ähnliche Sensation ist es gewiß für Bettine, als am 14. Oktober 1843 im Potsdamer Neuen Palais die Erstaufführung des Shakespeareschen «Sommernachtstraum» mit der Ouvertüre und den Zwischenmusiken von Felix Mendelssohn Bartholdy stattfindet und sie mit anderen vom König geladenen Gästen, darunter Alexander von Humboldt und Ranke, dabei ist. Diesmal ist es eine gesellschaftspolitische Sensation. Der Komponist ist vor einem Jahrzehnt, zugegebenermaßen zum Schaden der Berliner Singakademie, als Kandidat für den Direktorenposten abgelehnt worden. Man hat für «das repräsentative Amt» keinen «Judenjungen» gemocht. Er ist dann nicht nur, wie unter vermögenden Berufskollegen üblich, als Wohltäter hervorgetreten, sondern als sozialer Neuerer in der Leitung der Leipziger Gewandhauskonzerte. Zudem hat er die verfolgten «Göttinger Sieben» unterstützt. Fraglos nicht nur deswegen muß Bettine die kaum gezügelte Entrüstung des jungen Komponisten bei einem störenden Zwischenfall während der Aufführung des «Sommernachtstraums» teilen. «Nie habe ich ein Orchester so pianissimo spielen hören», bezeugt Fanny, die älteste, Rebekka, der jüngeren Schwester von Felix. Doch – beim «Intermezzo» dringt «aus der königlichen Loge das Geklapper von Teetassen»[201].

Die «berühmte Vagabundin» nähert sich den Siebzigern, da kommt sie zu Robert Schumann. (Er hat sich schon vor Jahren nach ihrer Anschrift erkundigt.[202]) Daß der Aufenthalt in Düsseldorf nur «einige Tage» dauert und Bettine «durch die Vermittlung der Frau Schumann»[203] ein Gesangskonzert gibt, erfahren wir von dem prominenten Maler und Graphiker Friedrich Wilhelm Schadow, dessen Wort vom Vagabundieren Bettines für ihn kein Ruhmesblatt ist. Robert wird von dem Besuch Ende Oktober 1853 tief beeindruckt, während seine Clara sich eher reserviert verhält. Er widmet Bettine spontan seine eben erst nach einem manieristischen Schema komponierten, sechzehn Seiten umfassenden, «an Diotima» überschrieben gewesenen «Gesänge der Frühe» – sein «letztes Werk für Klavier» (op. 133). Es gibt Naturempfindungen wieder, die der Komponist «trotz aller Inanspruchnahme»[204] aus der Hölderlinschen Dichtung zu gewinnen weiß. Zwei gleichzeitig in Düsseldorf anwesende musikalische Potenzen, der zwanzigjährige Johannes Brahms und der zweiundzwanzigjährige Joseph Joachim, verstehen weniger von Friedrich Hölderlins Idealgestalt als von den beiden besuchenden Damen (Gisela ist mitgekommen). «Joachim und ich waren ganz verliebt in die prächtigen Leute»[205], berichtet Brahms. Joachim hat Bettine im Vorjahr durch Liszt in Weimar kennengelernt, wo er zwischen 1850 und 1853 Konzertmeister ist und Bettine im letzten Vierteljahr mit ihm, Gisela und Armgard in «eleganten Räumen» konzertiert oder Liszt hört, der sie nun weniger begeistert. Brahms wird bald Bettine sein Liederheft (op. 3) widmen und Clara seine Verehrung Bettines beteuern[206], Joachim später in einem ausgereiften, dem Andenken von Gisela zugeeigneten Violinkonzert eine Bettinesche Melodie variieren.

Am folgenden Rosenmontag (1854) wirft Schumann zuerst «seinen Ehering», dann sich selbst in den eiskalten Rhein. Eine Woche danach findet er sich in einer in Endenich bei Bonn gelegenen privaten Irrenanstalt wieder. Seit dem Karnevalsmonat 1986 wissen wir, wie der Patient hier vor 130 Jahren endete. «Zu den Essenszeiten wurde Schumann mit Gliederfesseln am Bett festgebunden und durch Klistiere zwangsernährt.» Die Spritzen enthalten «abwechselnd Portwein und kalten Liebigschen Fleischextrakt». Eva Weissweiler, die diese und ähnliche «Heilmethoden» für das zu böser Letzt in der dunklen Tobezelle verhungerte Genie (Mobiliar: Bett, Abtritt) aufdeckt, enthüllt dabei auch den Text «einer [zumeist] bisher unterschlagenen Passage» eines Briefs. Darin gibt Bettine ihre Eindrücke von einem Mitte April 1855 mit Gisela unternommenen Krankenbesuch in Endenich an Clara weiter. (Mit ihr ist sie im Winter des vergangenen Jahrs in Paul Mendelssohns Berliner Salon wieder zusammengetroffen.) Dr. Franz Richarz, der behandelnde Arzt, ist ein *Hypochonder-Mann, selbst krank an Leib und Gemüt, der eher Schumanns Seelenadel nicht sowohl versteht, als ihn für ein Zeichen seiner Krankheit annimmt.* Die Isolierung in öden, stillen Räumen ist ihr «entscheidende

Clara und Robert Schumann am Tafelklavier. Daguerrotypie, 20. März 1850

Ursache für das Ausbleiben schneller Besserung» bei Robert. *Hätte man ihn besser verstanden oder auch nur geahnt, was sein Inneres berührt!* Nach dem ihr in Gegenwart einer Pflegerin gestandenen Wunsch des Leidenden, heimzukehren, schlägt Bettinc einen Ort vor, wo er Musik hören, seine Kinder sehen kann. Das lehnt Clara für Robert ab. «Clara schrieb zwar gelegentlich, besuchte ihn aber nie.»[207] Roberts Dankbrief für Bettines Besuch liegt heute in der Biblioteka Jagiellónska, Kraków.

Schumanns Widmung für Bettine

Eine Vorwegnahme psychologischer Einsichten unseres Jahrhunderts –
nämlich Pierre Bertaux' – wendet Bettine bereits lange vorher auf Hölderlin an. 1807 entläßt der Arzt ihn als unheilbar aus der Klinik und gibt
ihm noch drei Jahre Lebenszeit. Er dämmert jedoch als Pflegling eines
Schreiner-Obermeisters in Tübingen dahin bis zu seinem 1843 eintreten-
den Tod. Hölderlins Bewunderer Isaac Freiherr von Sinclair (in Bettines

Briefroman St. Clair) faßt das Verhalten eines nur scheinbar Geisteskranken als bewußt erlebten Schatten seiner *zu feinen Organisation* auf. Die absichtlich zerrissenen Saiten eines ihm geschenkten Flügels sind St. Clair ein *wahrer Seelenabdruck*. Eine derartige Seele könne unentwegte Blicke auf *die härteste, rauhe Kalkwand* nicht heilen. Hierauf habe er den Arzt aufmerksam zu machen versucht. Doch – *einem Dummen kann man noch weniger begreiflich machen als einem Wahnsinnigen*, übernimmt Bettine diese Diagnose. Sie möchte zu Hölderlin, *Gespräche mit ihm führen*, damit *die zerbrochnen unbesaiteten Tasten seiner Seele dann wieder anklingen würden* [208]. Franz ist aber dagegen.

Auch ihre eigene literarische Produktion geht Bettine psychoanalytisch an. *Denn alles ist mir ja nicht Gegenstand, ich bin es selber.* [209] Das trifft sogar auf ihre Beteiligung am Ausgraben von Märchengut zu. 1807 hat Clemens die Brüder Jacob und Wilhelm Grimm «erstmals und ursächlich zu ihrer Märchensammlung angeregt», 1812 Achim «deren Drucklegung veranlaßt». In einer Epoche nationaler Machtlosigkeit erweist Volkspoesie sich als Kraftquelle. Aber für ein freies «Auffassen der Märchen zu eignen, ganz der [heutigen] Zeit angehörenden Dichtungen, wie es Brentano, Arnim und nicht zuletzt Bettine in Theorie und Praxis vertraten», sind die wissenschaftlich sammelnden Brüder Grimm nicht zu haben (wie Heinz Rölleke in Erinnerung bringt). Bettine arbeitet infolgedessen im Frühjahr 1808, statt für Grimms, Achims «Zeitung für Einsiedler» zu, indem sie zum Beispiel Savignys Kinderamme, Frau Lehnhardt, *wegen der Mährlein... scharf examiniert.* Eine von Bettines Aufzeichnungen erweitert Achim beim Abdruck um Zutaten, auf die wir zurückkommen werden. Eine andere, von Achim nicht gebrachte Geschichte «handelt vom Ältesten der königlichen Siebenlinge, der von Tieren geraubt wird und später als deren Anführer zurückkehrt, um auch über das Menschenreich zu herrschen», *im Geist, sonder Sprache.* Arnim fragt neugierig an: «Das Märchen ist recht artig, hast Du es unverändert so von der Frau Lenhardt?» *Das Märchen*, antwortet Bettine, *ist von mir. Die letzte Hälfte schrieb' ich grad' so in Deinen Brief, und ich weiß nicht einmal, ob es so recht an die erste Hälfte paßt, die ich gestern verloren hatte.* Clemens bezieht sich Ende 1809 auf diese Dichtung, bei der es dem Germanisten zweifelhaft erscheint, ob es sich um «ein Kunstmärchen oder nicht doch eher lediglich um eine allegorische Erzählung handelt». Die Nuancierung begleitet Clemens' weiteres Mißbilligen des Leibesumfangs von Bettine in dem von ihm verrissenen Grimmschen Porträt. «Ich glaube, Bettine hat sich da als Frau malen lassen, die in einem Märchen von ihr 7 Kinder 7 Jahr' lang unterm Herzen trägt.» Das Hauptinteresse des Werks gelte der Mutter, «der... alle Charakteristika eines Volksmärchenhelden fehlen» [210], resümiert der Forscher seine Untersuchung. Der Mutter, vermuten wir, die Bettine als siebtes Kind sieben Jahre nach Clemens gebar.

Extrem subjektiv ist Bettine in ihrem Bestreben, Weltliteratur hervor-

Selbstporträt Bettines. Zeichnung

zubringen. «Zur Weltliteratur gehört alles, das würdig ist, in die fremden Sprachen übersetzt zu werden»[211], definiert Gutzkow. Goethe eröffnet diese Perspektive am Ende der zwanziger Jahre. Das Junge Deutschland – Bettine: *...weil es von den Philistern angemauzt wird, wie von einer Gesellschaft alter Kater, also eine Affinität mit der Grimm Schicksal hat, so ist mir's schon deswegen heilig* – eifert Goethe darin nach. Die französische Übersetzerin des Goethe-Buchs, Hortense Cornu, gibt sich hierzu den Männernamen Sébastien Albin und dem Buchtitel einen wissenschaftlichen Anstrich: *Gœthe et Bettine: Correspondance inédite* (Goethe und Bettine: unveröffentlichter Briefwechsel). Mit der englischen Version wird Sarah Austin beauftragt. Von der seit 1827 in Bonn lebenden

«Hauptvermittlerin und -übersetzerin deutscher Literatur und Wissenschaft in England» ist unter anderem 1832 die englische Fassung der «Briefe eines Verstorbenen» Pücklers erschienen. Sarah Austin schlägt wohl vor, nur die «konkret erzählenden Passagen» zu übersetzen. Solche puritanische Abmagerungskur lehnt Bettine ab. Daraufhin verläßt Sarah sie. Doch Bettine nennt nur sie in ihrem Vorwort zu *Goethes Correspondence with a child*. Das kann auf tatsächlich von der Engländerin übersetzten Textteilen oder auch darauf basieren, daß sie 1835 in der Zeitschrift «The Athenaeum» eine «äußerst positive Besprechung» des deutschen Originals mit längeren Textauszügen liefert. Ein Zweierteam aus «jungen englischen Reisenden» dient 1836 und 1837 als Ersatz für Mrs. Austin. Doch Bettine macht sich über die – von ihr ungeniert benutzte – Übersetzung der *Kembridschmember und Ochsfordmember* (Cambridge- und Oxfordfakultätsmitglieder) lustig. Sie, die *kein Wort Englisch konnte* – die Vergangenheitsform gebraucht Bettine im Frühjahr 1838; inzwischen hat sie sich aus *Diktionair und Grammatik* Englisch beigebracht und an Hand des Blitz-Selbstunterrichts den *Tagebuch*-Band eigenhändig zum *Diary of a Child* verenglischt –, verdammt die beiden Übersetzer ebenso wie sonstige zu Rat Gezogene. *Sie haben wirklich ein Windmühlengeklapper gemacht mit der Sprache, daß ich sie alle mußte verabschieden.* Was ist da erst von Bettines «Kuriosität eines deutschen Idioms» zu halten, das «in einem wahllos aus dem Lexikon geholten Englisch wiedergegeben wird»? Es vermehrt die Absatzchancen des Buchs nicht, daß es *To the English Bards* (den englischen Barden) gewidmet wird. Anfänglich – auch das grotesk – will Bettine ihre Intimitäten, denen selbst wohlgeneigte britische Kritiker Mangel an «modesty and delicacy» (Scham und Zartgefühl) vorwerfen, der Königin dedizieren, die soeben das prüde Viktorianische Zeitalter her">aufführt. Vom Prinzgemahl verspricht Bettine sich hierdurch eine Spende. Noch nützen ihr die Stahlstiche von *Goethe's Mother* (Goethes Mutter), dem jungen *Author of Werther* (Autor des «Werther») und dessen angeblichem Arbeitszimmer mit der Legende *Where he wrote Werther* (wo er «Werther» schrieb), so modern solche Werbetechnik anmutet. Den in der Berliner Druckerei Trowitsch & Sohn erfolgten Druck finanziert Bettine aus dem Erlös der deutschen Auflage. Von den 7000 (!) englischen Exemplaren wird derartig wenig verkauft, daß der Vertrieb durch Longman bei weitem nicht die Spesen deckt. Der Verleger rät deshalb «zum Verkauf des Buchs als Makulatur» und retourniert die Auflage unfranco. An die Stelle des fürs Goethe-Denkmal erhofften Überschusses tritt ein Verlust von 9000 Talern. In Rußland entflammen sich dagegen namhafte Intellektuelle für Bettines Werk. Der bekannteste Anarchist, Michail Bakunin, drei Jahrzehnte jünger als Bettine, macht sich an eine Übersetzung und veröffentlicht Teile davon. Der Rest geht verloren.[212]

Dem mit dem Skulptur-Projekt betretenen Boden der bildenden Kunst kommt in Bettines künstlerischem Wirken ein hoher Rang zu. Musik liebt sie am meisten. Schriftstellern, das (in Bettines Stil) dem literarischen Genie Von-den-Lippen-Herabtropfen honigsüßer Melodien-Schätze, ist ihr Beruf – das, wozu sie sich kraft ihrer Eignung berufen fühlen darf. (Wenn unser Essay im Interesse der Lesbarkeit ihren Sprachfluß ins Bett einer Interpunktion zwängt, die sogar Aussagesätze abbricht, wo noch Nebensätze folgen, ist das im Jahrhundert des aus zwölf Sprachen gemischten Stils von James Joyce' «Ulysses» anfechtbar.) Öffentliche Bauwerke mitsamt ihrer bildhauerischen oder gemalten Innenausstattung aber sind minder elitär als Romanzen oder Romane. Die ihnen von Bettine geschenkte Aufmerksamkeit hat damit eine volksbildnerische Funktion. Petra Maisaks Studie nennt als «wichtiges Zeugnis ihres [Bettines] frühesten zeichnerischen Schaffens» die durch Licht und Schatten sozusagen «plastisch» modellierte Gruppe aus drei «gedrungenen, schwarzhaarigen», das heißt italienisch aussehenden Knaben und einem Ziegenbock. Diese Szene könnte dem Relief eines antiken Sarkophags nachgebildet sein. Anregender als Bettines Zeichenunterricht in Fritzlar, Offenbach, Kassel, München und Landshut sind in diesem Kontext die Radierungen Ludwig Emil Grimms von einer Italien-Reise, die sie 1820 in Berlin erhält. *Wie lieb ich den Louis habe!*, jubelt sie dazu. Er bekommt im Austausch ihre Pläne zum Goethe-Denkmal. In «einem charmanten Brief» von 1822 äußert der gefeierte dänische Bildhauer Bertel Thorvaldsen sich lobend über ihre Zeichnungen, denen sie selbst erstaunlich kritisch gegenübersteht. Bei der «kleinen Bleistiftzeichnung einer südlichen Phantasielandschaft» wendet Bettine einen «präzisen, linearen Duktus an, der dem sensiblen Umrißstil der Deutschrömer entspricht». Zusammen mit einem 1828 datierten Gedicht Arnims ist sie dem Neffen Leberecht von Guaita gewidmet – einem Sohn ihrer Schwester Meline und des ebenfalls aus einer italienischen Familie stammenden ersten katholischen Bürgermeisters von Frankfurt Georg Friedrich Guaita. (Damals und etwas später entwirft übrigens auch der preußische Kronprinz Friedrich Wilhelm südliche bzw. italienische Motive.[213]) 1832 erwirbt Bettine von Carl Blechen – er bürgert gegen starken Widerstand mit seinen italienischen Gemälden den «international um sich greifenden Pleinairismus» in die preußische Hauptstadt ein – den «Nachmittag auf Capri». Bettine veranstaltet eine Lotterie, um dem schwermütigen Maler eine neue Italien-Fahrt zu ermöglichen. Einspruch der Ehefrau – sie mag der ihr überlegenen Bettine die Schuld an der Schwermut des Mannes geben – verhindert die Reise. 1840 stirbt Blechen «in geistiger Umnachtung»[214].

Im Herbst jenes Jahres löckt Bettine kunstpolitisch und politisch gegen den Stachel. Anläßlich der Huldigungszeremonie für Friedrich Wilhelm IV. protestiert sie – anscheinend erfolgreich – gegen ein *turmartiges Gerüst, auf welchem die 40 Ahnen des königlichen Hauses ... transparent*

Bettines «Kinder mit Ziegenbock».
Frühwerk in schwarzer Kreide und Rötel

gemalt werden sollen. Das entspreche *auf keine Weise den heutigen Ansprüchen. Warum,* fragt sie, *malen Sie nicht alle Hoffnungen, alle Wünsche des Volkes in ihrer (vom König zu erwartenden) Gewährung symbolisch dahin, damit er schon jetzt erkenne, die heilige, noch unverletzte Zuversicht zu ihm vergelte ihm schon im voraus jedes Opfer alter Vorurteile, das er zu seiner größeren Zeit bringt.*[215] Bettine entwickelt also den praktisch-politischen Vorschlag eines «Demo»-Transparents. Es soll zur Einlösung des jahrzehntealten Versprechens einer landständischen Verfassung mahnen. Was bekämen sie und ihre drei Töchter neben Varnhagen von sieben

Bettines «Reiterskizze zum Octoberfest».
Bleistift auf dünnem Pauspapier, 1830

bis zwei auf einer Tribüne unter anderem statt dessen an Politischem zu
hören, wäre die Akustik besser? Das Gelöbnis des Königs, sein «Regi-
ment in der Furcht Gottes und in der Liebe der Menschen zu führen...»[216].

Einen Pyrrhus-Sieg erringt Bettine mit ihrer Hilfestellung für den Ar-
chitekten, Maler und Graphiker Karl Friedrich Schinkel. Vier Jahre älter
als sie und durch eine Italien-Reise klassisch geschulter Aufklärer, Ge-
stalter einer neuen Landschaftsstruktur und -freiluftwiedergabe, stößt
Schinkel vielfach auf Ablehnung. Bettine (und Arnim) ist er *der Beste von
allen*. «15 Jahre lang» sind sie «miteinander befreundet». Wieder und wieder sieht man Bettine und Clemens auf den Schinkelschen Abenden in
der Dorotheenstadt. Schinkel wird Friedmunds Pate. 1826 beschreibt
Bettine Goethe geschickt und treffsicher Schinkels Gemälde «Blick in
Griechenlands Blüte». 1829 erfährt Achim von ihr, daß Friedrich Wilhelm III. Schinkels lebende Bilder zum Geburtstag der Zarin *zu nackt*
findet und *nach eigenem Gutdünken umändern* läßt. (Zu Bettines Geburtstag lädt Savigny als *große Kunstkenner* drei italienische Grafen ein.)
Ihre «erste schriftstellerische Arbeit» ist 1834 ein anonymer Beitrag zu
Pücklers «Andeutungen über Landschaftsgärtnerei». Er befaßt sich mit
Schinkels 1823 begonnenem «Hauptwerk als Maler in der spätesten Zeit

seines Schaffens». Es sind die durch Nacktheit Anstoß erregenden «Entwürfe für die Wandmalereien in der Vorhalle des Museums», an denen Bettine mitwirkt. Schinkel besitzt eine ihm «sehr wertvolle Sammlung» ihrer Entwürfe. Er ist halbblind und gelähmt, als Friedrich Wilhelm IV. befiehlt, die menschheitsgeschichtlichen Fresken zu Kunst und Kultur auszuführen. Diese Arbeit wird von dem Nazarener Peter Joseph von Cornelius, seinen Schülern und anderen halbherzig übernommen. Schinkel stirbt im Jahr darauf ebenfalls «in geistiger Umnachtung»[217]. Eingeschnürt vom biedermeierlichen Korsett, ersticken manche begabten und sensiblen Naturen.

Wie schon Goethe liebt Bettine das noch verpönte Aktzeichnen. Als Modell im Wasser dient ihr die schöne Nichte Sophie Brentano. Eine im *Basreliefstyl*[218] gezeichnete, als *Octoberfest* bezeichnete Skizze unbekleideter junger Reiter enthusiasmiert 1830 Ludwig I. von Bayern. Sich selbst skizziert sie als hüllenlose Psyche zwischen den Knien des Olympiers und arbeitet sechsundsechzigjährig in bester Laune mit dem Christian Daniel Rauch-Schüler Karl Steinhäuser am Sockel ihres Monuments. Wir kennen den Anfang ihrer Schelte, als sie im Winter 1853 in Weimar die von ihm in Marmor gehauene Goethe-Skulptur erblickt. Der Rest lautet: *Das meine Psyche?... Solch ein Monstrum und solch einen Knirps soll ich erdacht haben?!*[219]

Gipsmodell des Goethe-Denkmals. Anonymer Steindruck, 1825

Ausklang und Nachklang

Ich habe keinen andern Freund gehabt als mich selber. Ich habe nicht um mich, aber oft mit mir geweint. Ich habe gescherzt mit mir, und das war noch rührender, daß am Scherz auch kein andrer teilnahm. Hätte mir damals einer gesagt, es sucht jeder in der Liebe nur sich, und es ist das höchste Glück, sich in ihr finden, ich hätt' es nicht verstanden. Doch ist in diesem kleinen Ereignis eine hohe Wahrheit verborgen, die gewiß nur wenige fassen: finde Dich, sei Dir selber treu, lerne Dich verstehen, folge Deiner Stimme; nur so kannst Du das Höchste erreichen! Du kannst nur Dir treu sein in der Liebe. Was Du schön findest, das mußt Du lieben oder Du bist Dir untreu.
(Coblenz, Tagebuch: *Buch der Liebe*, 1835)

Ich gebe Ihnen mein Buch aus drei Gründen, erstens weil Sie Jude sind, zweitens weil Sie eine Säbelschmarre tragen, und drittens weil Sie Ihre Frau aus Liebe geheiratet haben.
(Im Brief an den dem «Doktorklub» angehörenden Verleger der im Mai bzw. Juni 1840 erschienenen zweibändigen «Günderode», Wilhelm Levysohn.)

Seht, wie den Polen wird's Euch ergehen! – In ihren schauerlichen Geschicken spiegelt sich das Eure. Man wird Euch knuten, bis Ihr zu Kreuz kriecht. Der Russe wird kommen, gleich wie von ungefähr, und wird eindringen in das Herz von Deutschland, um die Fürsten auf ihren absoluten Herrschersitzen zu befestigen und die Völker in die alten Fesseln zu schlagen. Die Franzosen werden von der andern Seite sich einfinden.
(Der große Vorentwurf zu *An die aufgelös'te Preußische National-Versammlung: Stimmen aus Paris*, Ende 1848)

Bettines Lyrik, mit der Gerhard Wolfs sympathische Anthologie einsetzt, hat unsere Darstellung bisher mit dem Schleier nachsichtigen Schweigens bedeckt. Eine Ausnahme davon ist jedoch geboten. «Am 16. Januar 1850 entstanden», war ihr Gedicht *Petöfi dem Sonnengott*[220] nicht bloß «ihre reifste lyrische Leistung», sondern der «Höhepunkt ihres späten Schaffens. Die Sprache ist Hölderlin nachempfunden, ohne ihn nachzuahmen.»[221] Sándor Petöfi, dessen eigentliche Bildungsstätte Tiefebene und Theater, dessen Thematik «die Liebe und die Freiheit» waren; der für die armen Leute eintrat; der die ungarische Marseillaise schuf; der am 15. März 1848 in Pest das «Signal zum Sturm» gab und der am 31. Juli 1849

120

– mit 26 Jahren – als Major in der letzten Schlacht bei dem Anrücken der Russen fiel, verfaßte sozusagen einen Nachruf auf sich selbst.

Kaum, daß wir spielten auf der Väter Knie,
Schon ruh'n wir bei den Ahnen unter Gras,
Das Leben gleicht dem flücht'gen Wolkenschatten,
Es gleichet einem Hauch am Spiegelglas.[222]

Bettines «Hauch» in freien Versen evozierte geträumte *Morgenwinde*. Sie trugen Narziß *zur schwankenden Flut, die sein Bild malt... Und er liebt sich in ihr – nur des Liebenden Spiegel ist Liebe.*[223] Der Deutsch-Ungar Benkert, der seinen Namen zu Kertbeny magyarisierte, bekam als Petöfi-Übersetzer etwas von Bettines Zuneigung zu Petöfi ab; obschon die Schwäche seiner Übersetzung die Aufnahme der Werke seines Landsmanns in Deutschland verzögerte. Als Benkert-Kertbeny einmal verspätet zu einem Rendezvous in ihrer Berliner Wohnung angelangt war, wurde «die Flügeltüre aufgerissen, und eine Dame rauschte imposant heraus ... eine nicht sehr große Figur», ganz in Schwarz gekleidet, «aber durchaus nicht modisch, vielmehr wie in einem schwarzseidenen Schlafrocke, die grauen Haare zwar gescheitelt, aber doch vielfach fliegend ... Und welche Augen!» Sie eilte aber nur herbei, um den Verspäteten unnachsichtig wiederwegzuschicken. Ein andermal zankte und lachte sie ihn aus, weil er in einem wirklich unverschämten Brief nicht *Frau statt Weib* geschrieben hatte. Doch – das *Buch Deiner Übersetzungen hat mich in Deine Heimat geführt. Der Petöfi redet mich tausendfach drin an, und aller Schmelz der Vaterlandsperlen, den nimmt er mir von der Lippe und vom Blick.* Auf ihren Wunsch sammelte und übermittelte Kertbeny Nachrichten «von den Quälereien und Erschießungen der gefangenen Freiheitskämpfer». Diese in einem Jahrhundert ohne amnesty international zusammengetragenen Informationen gingen ein in ihre im Frühjahr 1852 herauskommenden *Gespräche mit Dämonen*, vorgestellt als *des Königsbuches zweiter Teil*. Mit einer Lessings «Nathan der Weise» folgenden Gebärde widmete sie das Buch *dem Geist des Islam, vertreten durch den großmütigen Abdul-Medschid-Khan, Kaiser der Osmanen*. Dieser Monarch reformierte seinen Staat im Sinn europäischer Vorstellungen. Er bot darüber hinaus den ungarischen Flüchtlingen Asyl, «die in Europa von Grenze zu Grenze geschickt wurden»[224]. Sonnengott-Verse, Dank an den Moslem, dessen Asylgewährung: drei damals gemeinhin übersehene Fanale in finsterster Zeit! Ein gar nicht nebensächlicher Nebenzweck soll gewesen sein, vom Sultan Hilfe für eine arme türkische Familie in Berlin zu erlangen.

Eigenartig waren mehrere scheinbare Zensurlücken im zweiten Königsbuch. Wie kamen sie dahin? Die den Besiegten von 1848/49 zudiktierte Verfassung enthielt das unbedingte Verbot der Zensur. Also kam

Bettines letztes Berliner Wohnhaus, In den Zelten 5

allein «die Schere im Kopf» in Betracht, was der pedantische Fußnoten-Witz *Lücke eigener Zensur* einzuhämmern bemüht war.[225] Natürlich war das eine Variation des klassischen Heineschen Scherzes von anno 1826, der Kapitel XII seiner Erinnerungen «Das Buch Le Grand» aus neun Zeilen von Gedankenstrichen bei vier angeblich vom Zensor erlaubten Wörtern bestehen ließ («Die deutschen Zensoren... Dummköpfe»[226]). Bettine füllte bald mehr, bald weniger Zeilen mit Kopfzensurstrichen. Was dort stehen sollte, hatte jeder sich auszumalen. Das satirische Genie, vor dem sie sich mit dieser Reminiszenz verbeugte, hatte ihrer Mauserung von der phantasiereichen Liebesromanschreiberin zur sozialen Realistin am Schluß des Königsbuchs zugenickt («Die verkehrte Welt: Die Wahrheit sagt uns Bettine»[227]). Irritierte sie die knappe Anspielung auf frühere «Lügen»? Sicherlich ärgerte sie Heines Verwerfen jeglicher Goethe-Male und seine Beschäftigung mit dem Faust-Stoff («Ketzereien, welche den dortigen Priestern der altgöthischen Kirche großen Anstoß geben dürften»[228]). Zudem: der Dichter des «Romanzero» mochte der immer noch streitbaren politischen Schriftstellerin mit seinen Klagen über den alters- und krankheitsbedingten Verfall eher wie ein Nazarener vorkommen, wenn er sich auch Ludwig Börne gegenüber als Hellene empfand. Jedenfalls braute seine Muse ihrer Ansicht nach ein *latschiges Gift der Selbstbekosung*[229]. Dennoch ließ Bettine Heine grüßen, und sein neuerwachtes Interesse am Judentum könnte einen Aspekt des Dämonenbuchs angeregt haben – Probleme der jüdischen Deutschen. Sie mit ähnlich wichtigen Passagen des Königsbuchs gepaart zu haben, ist ein Hauptverdienst der Gerhard Wolfschen Textsammlung.

Zum Andenken an die Frankfurter Judengasse erzählte Bettine hier ihre Gänge zum ehemaligen, mehrere tausend Menschen zusammenpferchenden Getto. Erstaunt betrachtete sie die *engen, dunklen Häuser. Alles wimmelt, kein Plätzchen zum Alleinsein, zum Besinnen. Manch schönes Kinderauge und feingebildete Nasen und blasse Mädchenwangen füllen die engen Fensterräume, Luft zu schöpfen, und die Väter in den Haustüren fallen die Vorübergehenden an mit ihrem Schacher. Ein Volksstrom wogt in der Straße. Da laufen so viele Kinder herum in Lumpen, die lernen Geld erwerben. Und die Alten Tag und Nacht sind eifrig, sie in Wohlstand zu bringen. Das wehrt man ihnen und schimpft sie lästig.* Auf dem Heimweg vom Treibhaus nahm Bettine *einen großen Strauß mit von allen Blumen, Rosenknospen und Orangenblüten, Granaten, Balsamnelken und Ranunkel und Myrten.* Der ganze *Orient,* aus dem die Ahnen der Brüder des weisen Nathan gekommen waren, *duftet aus ihren Kelchen. Die teile ich den Judenkindern aus. Viele Händchen strecken sich mir entgegen. Sie werfen die Bettelsäcke ab, die reinen Blumen zu erfassen. Sie sahen nicht nach der Münze zwischen den Blumen auf meinem Schoß. Sind sie nicht dieselben, von denen Christus sagt: «Lasset sie zu mir kommen»? – Und die jungen Mädchen kamen auch herab und steckten ihre Sträuße in den Busen und sagten voll Vergnügen: «Ach, das ist was Rares!»* Aus der einst einer Handwerkerfamilie gewährten Hilfe wurde in dieser Erzählung eine viele Empfänger beglückende Aktion. Doch Bettine visierte noch Umfassenderes an. Sie würde Anführerin der Bedrückten sein. Dem Fürst-Primas des Rheinbunds Karl Theodor von Dalberg – er vertrat die Argumente gegen die volle Emanzipierung der jüdischen Minderheit – rief sie mit einer durch einfallende Paukenschläge aus dem benachbarten Konzertsaal motivierten Lautstärke zu: *Schlechter als ihre Unterdrücker sind die Juden nicht! Wem aber Macht gegeben ist, wie kann der es verantworten, wenn er ihre Schnellkraft fürchtet? Sie wird keinen Unfug anrichten, wenn sie als Lebenstrieb sich aufrichtet in dem Stamm, dem die bittere Not, die von der Religion der Milde über ihn verhängt ward, nicht hat können das Mark verzehren. Um so leichter wird er gesund werden, als durch die offne Wunde der Balsam rascher ins Blut dringt und es reinigt und heilt.* Der Vision dessen, wozu befreite Menschen ihre durch Unterdrückung gewonnene *Schnellkraft* verwenden könnten, folgt die herausfordernde Vorhersage: *Sollten wir beiden die Menschheit regieren, der Primas die Christen und ich die Juden: wir wollten sehen, wer besser fertigwürde!*[230]

Bettine entwickelt ihrem Dialog-Partner nun ein Projekt für geistige, seelische und körperliche Ertüchtigung. Zeitlich und ideengeschichtlich

Bettine am Klavier

stand es zwischen dem privaten, lokalen, intellektuellen Integrationsprogramm des Berliner Vereins für Kultur und Wissenschaft der Juden von 1821 bis 1823, in dem Heine eine Zeitlang frühmorgens und nachmittags jüdische Schüler in Geschichte, Deutsch und Literatur unterrichtete, und den kolonisatorischen, zionistischen Erörterungen eines Hirsch Kalischer (1861) und Moses Hess (1862).[231] Angemessen gefördert, hätte es beiden Emanzipationsrichtungen genützt. Wer etwa 1819 ungestraft «Jerusalem ist verloren!» bzw. die Abkürzung des lateinischen Triumphgeheuls «HEP HEP» johlen durfte, hätte sich das wohl verkniffen, wären ihm dafür von wohltrainierten Beschimpften Hiebe sicher gewesen. Das wäre kaum anders geworden bei der Entfaltung der organisierten Judenfeindschaft gegen Ende des Jahrhunderts, deren Organisatoren und Anhänger im allgemeinen keine Prügel zu befürchten hatten. *Die Juden emporbringen nach so langem Darben*, riet Bettine, *da müssen sie auch vorsichtig und zärtlich behandelt werden, wie die ausländischen Pflanzen, und genährt werden mit dem, was die Seele groß macht, und muß ihnen keine Laufbahn verschlossen bleiben als nur die sie erniedrigen kann... Ich würde ihre Kinder zur Wissenschaft anleiten, nicht zum Schacher... Ich würde sie reiten, fechten, tanzen lernen lassen, Naturwissenschaften, Philosophie, Geschichte, alles, was sie über den Stand erhebt, in dem ihre Seelen herabgewürdigt, voll Schmach, einen schlechten Eindruck uns machten, und das erste aller Erziehungselemente müßte sein die Musik!*[232]

Wie aber verhielten sich Anspruch und Wirklichkeit, Bettines religiös und regional, sozial und ökonomisch undifferenzierte Theorie und ihre bzw. ihres Familien- und Freundeskreises Praxis? 1808 «bereicherte» Achim mit «Juliane Morellas», das heißt Bettines, nachträglicher Hinnahme in der von ihm mit Clemens herausgegebenen «Zeitung für Einsiedler» Bettines selbstdachtes Märchen unter der skurrilen Überschrift «Scherzendes Gemisch von der Nachahmung des Heiligen» um einen «alten Juden». Dieser war äußerst brutal zu einem Vogel und sehr geldgierig. «Der alte Jude hätte unserm Herrn die Kunst mit den Vögeln gern nachgemacht, weil er damit viel Geld hätte verdienen können.»[233] 1811 duldete Arnim, obschon er dagegen stimmte, daß die von ihm geleitete Christlich-Teutsche Tischgesellschaft, der auch Savigny und Schleiermacher angehörten, nur «in christlicher Religion» Geborene aufnahm. So waren selbst getaufte Juden – ebenso wie Franzosen und Frauen – ausgeschlossen. Clemens galten dort die Juden als «von den ägyptischen Plagen übriggebliebene Fliegen». Beide wurden übrigens gezüchtigt. Clemens bekam für Bemerkungen gegen Rahel «zwei gewaltige Ohrfeigen» von Varnhagen, Achim von dem bald als Freiwilliger bei Lützen gefallenen Moritz Itzig «Stockschläge»[234]. Und Bettine selbst? In dem schon gestreiften Spaziergang mit Rahel verfiel Bettine, nachdem sie «sehr sinnig» über Christentum gesprochen hatte, «in ihren Frankfurter Judenhaß, der mich sehr verletzte, d. h. mir ihr Seelenbild trübte... Auch erzürnte ich das

Schlechte in ihr, indem ich ihr meine Meinung sagte.» Wir hören nicht, was und wie die wütende Rahel redete, wohl aber Bettines Gutsbesitzerton: «‹Gehe Sie›, schrie sie mich heftig an und stieß meinen Arm weg, nahm ihn aber gleich wieder, und nach wenigen Augenblicken war sie wieder im traulichsten Weitersprechen.» Bettines «niedrig rohes Betragen»[235] vergaß Rahel nicht so bald.

1825 kandidierte der Hauslehrer der Arnimschen Kinder für eine Predigerstelle. Bettine glaubte Ersatz dafür zu haben. Es war *ein getaufter Jude mit Namen Singer, von* (dem Berliner Hofprediger Gerhard Friedrich Abraham) *Strauß*, (dem Berliner Professor für Theologie, Kirchen- und Dogmengeschichte Johann August Wilhelm) *Neander* (vor seiner Taufe David Mendel) *und Schleiermacher gleich geachtet und geliebt.* Doch: *Er war bei mir, verbreitete aber trotz seines neuen Christentums einen so altjüdischen Geruch, daß ich das Maul nicht aufzutun wagte, um nicht hinunterzuschlucken. Er sprach so geistreich und bedeutend, daß es mir im Herzen wehtat, daß er so stank, daß er die Gosche hängen ließ, die Oberlippe hinaufzog und mit blinzelnden Augen von der Seite sah. Nachdem er weg war, mußte ich Tür und Fenster aufmachen, um den Gestank zu vertreiben.* Bald danach trafen Bettines *burschikose Reden* Achim, diente er doch nicht einmal im Jahr in Gottes *großem Tempel*, der Natur. Aus *Frömmigkeit* suchte er *die kleine, von schmutzigem Atem und albernem Gepredig durchheulte Kirche auf*[236]. 1849 war Bettines und Achims einunddreißigjährige Maxe gegen die Verlobung ihrer Cousine Sophie von Guaita mit Heines Freund, dem konservativen, antipreußischen und mißwachsenen Reichsjustizminister zur Zeit des Reichsverwesers, Johann Hermann Detmold, dessen Vater mit der Familie zum Christentum übergetreten war: «Um Himmelswillen, Sophie, alles andere – bloß nicht heiraten! Denke, wie schrecklich, wenn du mal lauter kleine bucklige Judenjungen hättest!»[237] Es war *wohl leichter, gedruckt und gepredigt* Erziehung und Umerziehung *zu spenden*, als körperlich oder hygienisch unterprivilegierten Mitmenschen Toleranz zu erweisen (was Achim in diesem Falle tat[238]). Ob Singers Mund immer übler roch als Bettines sechs Jahre getragener Hut, wissen wir nicht. Auch nicht, wie viele Kölner Christen Körperpflege betrieben, als Moses Hess seinem Akkulturationshelfer, dem Schriftsteller Berthold Auerbach, meldete: «Auch reinige ich mir täglich die Zähne und bringe mein Haar in Ordnung.»[239]

Eigentlicher Zuhörer von Bettines Schwanengesang sollte dessen königlicher Adressat sein. *Gewähre, solange es Zeit ist! Es wird eine Zeit kommen, wo Du gewähren möchtest, aber keinen findest Du, der es annehme.*[240] Friedrich Wilhelm bekam sein Exemplar des Dämonenbuchs von ihr einige Zeit nach dem Erscheinen. Der einzige Hohenzoller, der sich nie in ein außenpolitisches Abenteuer verwickeln ließ, hätte für innere Reformen noch fünf Jahre Zeit gehabt, im Jahre 1857 zwangen die Folgen eines Schlaganfalls ihn zur Aufgabe der Amtsgeschäfte.

Quartett-Abend bei Bettine.
Aquarell von Carl Johann Arnold, 1854–56

Bettine hatte schon fünf Jahre früher «eine Art Lähmung an den Händen und Füßen». Sie setzte ihre «wunderbare Energie» ein, um die «Steifigkeit» zu überwinden. So schrieb Maxe aus Wiepersdorf der Tochter des Generaldirektors der Königlichen Museen, Ignaz von Olfers. Im Winter 1856, als die inzwischen Gräfin Oriola gewordene Maxe eben eine Interims-Parterre-Wohnung in der von Bettine gemieteten Berliner Villa In den Zelten 5 (Standort der heutigen Kongreßhalle) bezog, hatte die Mutter gerade einen schwereren Schlaganfall erlitten. Eine Teplitzer Kur half dessen «unmittelbare Folgen» überwinden – «Lähmung der rechten Seite, besonders des Arms», bei geistiger Frische und heiterem Gemüt.

«Aber sie war doch sehr gealtert. Das Gehen fiel ihr schwer.» Danach wurde sie «immer stiller» und sprach zuletzt «nur noch wenig». Ihr «Liebstes», Musik, bemühten sich Freunde ihr zu verschaffen. «Zuweilen kam auch ein Quartett zustande.» Dann «saß die Mutter nahe der Türe in ihrem dunklen Zimmer und lauschte den Tönen im Saal»[241]. Im Herbst 1858 starb Varnhagen. Er hatte, sagt Konrad Feilchenfeldt, «in ihr ein neues Wirkungsfeld» gefunden, «um seine Lebensgemeinschaft mit Rahel angemessen mit einer anderen Frau und Freundin fortzusetzen»[242]. Jahrzehnte hindurch besuchten sie sich gegenseitig, sprachen, aßen und arbeiteten miteinander, so daß «echt Bettinesches» von «Varnhagenschem» ergänzt und gemäßigt wurde. Ihr letztes Gespräch umkreiste Goethes Liebesgedichte. «Seit dem Anfang des Winters 1858 nahm die Schwäche der Mutter sichtlich zu», erinnerte Maxe. «Es wurde ein trauriges Weihnachten. Mitte Januar sahen wir, daß das Ende unserer Mutter nahe war. Am letzten Abend ihres Lebens – es war der 19. Januar – waren all ihre Kinder um sie versammelt; nur Friedmund fehlte, der nicht mehr rechtzeitig hatte eintreffen können.» Kein Klagelaut sei über ihre Lippen gekommen. Man hatte sie so gebettet, «daß ihr Blick auf die Goethebüste fiel, und das Bild unseres Vaters ihr vor Augen gestellt. Immer schaute sie von einem zum anderen... Es war schon um Mitternacht – da bewegte sie die Arme um sich her, uns herbeizurufen.» Die Anwesenden knieten um die Sterbende, deren Blick suchend hin und her ging. «Sie suchte ihren Friedmund. Dann legte sie segnend ihre Hand auf eines nach dem anderen ihrer Kinder – und ihre schöne, große Seele ging hinüber.»[243]

Die einen Tag vor Achims Todestag Gestorbene wurde unter dem Modell ihres Goethe-Monuments aufgebahrt. Die Kinder, außer der zusammengebrochenen, hochschwangeren Maxe, Herman Grimm und einige nahe Freunde geleiteten die Leiche nach Wiepersdorf, wo ein protestantischer Pfarrer die antiklerikale Katholikin neben Achim beerdigte. «Helle Schlaglichter auf unsere gesellschaftlichen Verhältnisse... einen Schatz von Humanität und Mitgefühl für andere», aber auch «den Beweis, daß zwischen der Verfasserin phantasiereichem Inneren und der wirklichen Welt eine weite Kluft liegt»[244], sah ein Nachruf der literarischen Beilage des «Frankfurter Journals» in ihrem Schaffen. So verließ sie die Vater- und Mutterstadt, wie sie hineingeboren worden war – als Außenseiterin.

Wären Bettine noch einige Jahre beschieden gewesen, hätte sie wie Ludmilla Assing, Varnhagens Nichte, die seinem Haushalt und seinem Salon vorstand, Anschluß an eine ihrer Vorstellungswelt entgegenkommende Bewegung finden können. Ludmilla – sie besaß den «exzentrischen Geist» ihres Hamburger Vaters, der noch Assur hieß – kam zunächst mit ihrem Onkel in den Berliner Kreis des aus Breslau (Wrocław) gen Westen gezogenen Ferdinand Lassalle. Mit dessen Hilfe öffnete die Autorin pikanter Biographien durch Herausgabe des Varnhagenschen

Das Grab Bettines und Achims in Wiepersdorf

Nachlasses die «Pandorabüchse» der Tagebücher, die neben wertvollen zeitgeschichtlichen Informationen allerhand hämischen gesellschaftlichen «Klatsch»[245] freigab. Ludmilla mußte deswegen Deutschland fluchtartig verlassen. Sie machte die revolutionäre Erkundungsfahrt nach Italien mit, die Lassalle mit der in Berlin geborenen Reichsgräfin Sophie von Hatzfeldt unternahm, und war bereit, mit ihnen in der preußischen Hauptstadt eine neue «Neue Rheinische Zeitung» zu finanzieren. Die Redaktion sollte aus Marx, Engels und Lassalle bestehen. Auf der im heutigen Wuppertaler Stadtgebiet zusammengetrommelten größten Versammlung des von Lassalle gegründeten Allgemeinen Deutschen Arbeitervereins, einer Keimzelle der deutschen Sozialdemokratie, kam Lassalle ein gutes halbes Jahrzehnt nach Bettines Tod auf die schlesischen Weber zurück. 300 von ihnen hatten soeben eine Deputation an König Wilhelm entsandt. «Während man 1844 gegen die Not der schlesischen Weber die Bayonette kehrte», rief der Agitator aus, «verspricht ihnen der König jetzt Änderung ihrer Lage durch die Gesetzgebung! Ihr seht, Freunde, dieses Versprechen ist unser Werk!»[246] An diesem Werk hatte Bettine Anteil – zuletzt als das Proletariat prcisender *Dämon*, der dem *schlafenden*, das heißt im Demokratisierungsprozeß untätigen Vorgänger Wilhelms I. suggestiv zugeflüstert hatte: *Die Welt ist voll von Unseligkeiten, und die Ansprüche der Folgezeit werden Millionen vor Dir vertre-*

ten.[247] Lassalles auf die Macht des Volkstribunen abzielendes Konzept vom Zusammenschmieden «unserer aller Willen in einen einzigen Hammer» war Bettines von der Stimme des «Proletariers» gedonnerter Imperativ an die Völkerführer vorangegangen: *...spannt den Bogen kräftig... ihr Generale und Kapitäne, die ihr im purpurnen Tod der Erkenntnis Licht habt empfangen und aus den Wolken herab zu seinen Fahnen die zerstreuten Völker aus allen Weltteilen wieder herbeiführt.*[248] Die poetische Agitatorin dachte dabei wohl an Männer wie den von ihr genannten Thaddeus *Kosciusko.* Er hatte für die Unabhängigkeit Amerikas und Polens gekämpft und bei aller Ergebenheit für liberale Reformen vorübergehend diktatorische Vollmacht akzeptiert.

Bettines bundesdeutsche Biographin merkt an, daß das Dämonenbuch 1919 «in rotem Umschlag mit dem Untertitel ‹Aufruf zur Revolution und zum Völkerbunde›» neuaufgelegt wurde. «Die Utopie war lebenskräftig geblieben.»[249] Jener Biographie und der Bettine-Wanderausstellung von 1985/86 des Freien Deutschen Hochstifts-Frankfurter Goethe Museum, insbesondere deren selektiver Version im Karl-Marx-Studienzentrum, Trier, gingen Ost-Berliner Pionierleistungen voraus. Es waren die Neuausgaben der «Polen-Broschüre» – die erste vor über dreieinhalb Jahrzehnten mit einer Einführung von Jürgen Kuczynski und einem Nachwort von Ruth Krenn und die zweite, umfangreichere fünf Jahre danach von Ursula Püschel. In beiden Publikationen wurden historische Rückblicke aktualisiert. «In der ersten Hälfte des 19. Jahrhunderts war das Verhältnis eines Volkes zu Polen Prüfstein für sein Verhalten zum Fortschritt», hieß es dort, «wie heute das Verhalten zur Sowjetunion.»[250] Wolfs Anthologie enthielt sich hingegen naheliegender Aktualitäten. Er schloß sie allerdings durch den monumentalen Ausspruch ein: «Bettines philosophische Prosa provoziert durch ihre Utopie noch immer jede Wirklichkeit.»[251]

«Jede Wirklichkeit»? Noch in Bettines Todesjahr, in dem auch ihre Freunde Wilhelm Grimm und Alexander von Humboldt starben, wurden die Befreiung der Lombardei, Heimat der Brentanoschen Vorfahren, vom reaktionären österreichischen Joch und die endgültige Abschaffung der römisch-katholischen Inquisition erreicht. Vieles ist seitdem geschehen, das keiner weltanschaulichen Provokation Bettines mehr bedarf, eher als Verwirklichung ihrer Wünsche und Bemühungen zu begrüßen ist. Begrüßenswert waren und bleiben auch Entwicklungen, die Bettines Wesen und Wollen zuwiderliefen. 1859 waren Darwins «Über die Entstehung der Arten durch natürliche Zuchtwahl» und Marx’ «Zur Kritik der politischen Ökonomie» grundsätzliche Triumphe der Verwissenschaftlichung von Disziplinen, mit denen verglichen poetische Literarisierung von Menschen- und Tierwelt als überholt eingestuft werden darf. Doch hat sich auch die Möglichkeit und Notwendigkeit von Gegentendenzen zu solcher Systematik herausgestellt, und das nicht erst in unseren Tagen.

Als Bettine ins Grab sank, trat mit dem Physiker Pierre Curie, den

Philosophen Henri Bergson und Edmund Husserl, dem Sozialisten Jean Jaurès, dem Maler Georges Seurat und – drei Jahre später – dem Musiker Claude Debussy eine Reihe von Persönlichkeiten ins Leben, die das sich spontan zersetzende, fluoreszierende Element, die fließende, rational nicht festhaltbare, unzerlegbare Mannigfaltigkeit des Lebens, eine zugleich subjektive und objektive Methode der Fragestellung, einen post-marxistischen Sozialismus[252], pointillistische Malweise, punktartig in Halbtönen gleitende Melodien entdecken halfen. Würde Bettine nicht das «Vorspiel zum Nachmittag eines Fauns» als «Wellenschlag des mittel-ländischen Meeres»[253] genossen haben (wir borgen da ein Wort von Gutz-kow, einem der beiden mit Gefängnis bestraften Schriftsteller des im Er-scheinungsjahr von Bettines Goethe-Buch vom Deutschen Bundestag verbotenen Jungen Deutschland)?

Gutzkow sah den weiblichen Luftgeist der Griechen vor sich, als er Bettine in Berlin interviewte. «Sie, eine gaukelnde Sylphide, ist dem be-dächtigen Ernst des Mannes immer im Vorsprung», seufzte er lächelnd. «Man berührt eine Frage, will sie ergründen, aber Bettinen ist es nur um einen Blitzstreifen zu tun, der plötzlich darauf fällt, der einen magischen Schimmer auf die Frage gleiten läßt, sie auf einen Augenblick prächtig erleuchtet, als platze eine Leuchtkugel im Mondenschein – dann ist's aus und wieder Nacht. Der geistvollste Mann ist ihr gegenüber, da sie nicht Stich hält, sondern immer springt und abschweift, ein Pedant. Sie wirft dir ein Paradoxon an den Kopf, du sinnst darüber, willst Aufklärung und wirst von ihr wie ein Bär im Kreise herumgeführt; sie spottet deiner Gründlichkeit; sie ist ein Poet.» Dazu: eine «bequeme Sprache», die sich's «mit den Endsilben» leicht machte, «unnützes, widerspenstiges Konsonantenvolk» verschluckte, Vokale «nach Belieben lang oder kurz» beim Kragen nahm.[254]

Die elektronisch aufwachsende Schülerschaft der Frankfurter Bettina-Schule, der vor einigen Jahren als Modell eingerichteten Berliner Bettina von Arnim-Oberschule, der bei Abschluß dieses Essays in Bettina von Arnim-Gymnasium umbenannten Höheren Schule Dormagens wird nicht nur sprachlich Bettines Art eher verstehen als frühere Generatio-nen. Dazu werden die erst französisch vorliegende, großartige sozialwis-senschaftliche Analyse von Marie-Claire Hoock-Demarle und die unter-nommenen Ausgaben der Bibliothek deutscher Klassiker und des Goethe-Nationalmuseums, Weimar, Maßstäbe setzen für Bettines Wie-dergeburt.

Anmerkungen

1 Goethe (G.) an Kestner, 25.12.1773, «Goethes Briefe» (Hamburger Ausgabe) I, 1962, S. 156

2 Adelheid von Schorn: «Das nachklassische Weimar», 2. Teil, Weimar 1912, S. 26

3 Renate Moering, Bildtext, in: Freies Deutsches Hochstift (FDH), «Bettine von Arnim Katalog», hg. von Christoph Perels, Frankfurt a. M. 1985 (Katalog), S. 185

4 «Unbekannte Briefe von Bettine Brentano», hg. von Wilhelm Schellberg und Friedrich Fuchs, Jena 1942, S. 9

5 «Goethes Briefwechsel mit Antonie Brentano», hg. von Rudolf Jung, Weimar 1896, S. 1

6 Heinz Härtl: «Bettina von Arnim. Eine Chronik», Hg. Kulturfonds der DDR, Wiepersdorf o. J. (Chronik), S. 7

7 Peter Brentano an Sophie Brentano, 17.5.1794, Schellberg und Fuchs, a. a. O., S. 9

8 Ingeborg Drewitz: «Bettine von Arnim», Düsseldorf 1984, S. 16, 17; vgl. «Ingeborg Drewitz schreibt an Bettine von Arnim», in: «Proben und Berichte 1934–1984», hg. von claassen, S. 37–43

9 Die Günderode, «Sämtliche Werke», hg. von Waldemar Oehlke, II, Berlin 1920 (Günderode), S. 182. Zu B.s Einsam- und Verlassensein im Kloster siehe das unter Anm. 30 genannte Goethe-Buch, S. 40, 45, 46, 52, 53

10 Sibylle von Steinsdorff und Walter Schmitz: «Kindheit und Jugend», in: «Katalog», S. 9

11 Vgl. Helmut Hirsch: «Friedrich Engels», Reinbek 1968, S. 11

12 Clemens Brentanos Frühlingskranz, Oehlke, I, Berlin 1920 (Frühlingskranz), S. 95, 165

13 Gunda an Sophie, 29.8.1800, «Briefe Sophie Brentanos an Henriette von Arnstein», hg. von Karen Schenck zu Schweinsberg, Weinheim 1985, S. 117

14 G. an Schiller, 24.7.1799, «Goethes Briefe» (Weimarer Ausgabe) IV, 14, 1893, S. 135

15 «Sophie von La Roche, ein Lebensbild in Briefen», hg. von Michael Maurer, München 1983, S. 8, 26, 32–33; Marie-Claire Hoock-Demarle: «Bettina Brentano-von Arnim», Staatsthese Paris, III 1986, S. 116

16 Siehe Anm. 229, 4–5 in: «Godwi», Clemens Brentano, Sämtliche Werke, 16, hg. von Werner Bellmann, Stuttgart 1978, S. 698

17 Geb. 1786, Sohn eines Frankfurter Bankiers

18 Frühlingskranz, S. 28, 29, 30, 35–36 (Übers. des Verf.)

19 S. Heinz Knobloch: «Herr Moses in Berlin», Berlin 1982, S. 234–240

20 Frühlingskranz, S. 266, 268

21 Ebd., S. 55–56, 192, 198–199, 200, 201, 202, 203, 206, 207–208, 212, 219

22 Zweite Note an den Hof, 20.6.1790, «Briefwechsel zwischen dem Grafen von Mirabeau und dem Fürsten A. von Arenberg», hg. von J. Ph. Städtler, 2, Brüssel, Leipzig 1854, S. 44; s. Mirabeau: «Denkwürdigkeiten», hg. von Konrad Merling, München, Leipzig 1924, passim

23 Zu den um die Zeit von B.s Geburt einsetzenden Experimenten mit Tiermagnetismus vgl. Helmut Hirsch, «Mesmerism and Revolutionary America». In: «American-German Review», Oktober 1943, S. 11–14

24 Frühlingskranz, S. 25, 82, 100

25 Ebd., S. 31, 33, 37, 39–40

26 Johann Caspar Lavater: «Physiognomische Fragmente» 3, Leipzig, Win-

terthur 1777, S. 317–318; Chronik, S. 7

27 Frederik Hetmann: «Bettina und Achim», Weinheim, Basel 1983, S. 14

28 S. Helmut Hirsch: «Werther, Tasso und Wilhelm Meister als Spiegelbilder der Charakterentwicklung Goethes». In: «The Germanic Review», Dezember 1946, S. 247–256

29 *Frühlingskranz*, S. 97, 114

30 *Goethe's Briefwechsel mit einem Kinde*, Oehlke 3, Berlin 1920 (*Briefwechsel mit einem Kinde*), S. 88–89

31 Karoline von Günderrode an Karoline von Barkhaus, 4. 7. 1799, in: «Karoline von Günderrode», hg. von Christa Wolf, Berlin (Ost) 1979, S. 165

32 Gundas Nachschrift zu Karoline von Günderrodes Brief an Savigny (S.) von Ende 1802, ebd., S. 180

33 B. an Günther (Karoline von Günderrode), Juni 1804, *Werke und Briefe*, hg. von Joachim Müller, 5, Frechen 1961 (Müller), S. 198

34 Vgl. *Günderode*, S. 3; S. an Karoline, 6. 6. 1804; Clemens an Karoline, 1. 5. 1804, Christa Wolf, a. a. O., S. 209–210, 228

35 Siehe Karoline an Clemens, 10. 6. 1804, ebd., S. 238

36 *Günderode*, S. 4, 5

37 *Briefwechsel mit einem Kinde*, S. 87, 88, 90

38 *Günderode*, S. 39, 147

39 Waldemar Oehlke: «Bettina von Arnims Briefromane», Berlin 1905, S. 181–182

40 *Ilius Pamphilius und die Ambrosia* (*Ambrosia*), Oehlke, 5, Berlin 1920, S. 358

41 Creuzer an Lina (Karoline), 11. 5. 1806. «Friedrich Creuzers Briefe an Caroline von Günderode», hg. von Karl Preisendanz, München 1912, S. 266

42 *Briefwechsel mit einem Kinde*, S. 99, 100, 102, 109, 110

43 Creuzer an Lina, 23. 6. 1806, Preisendanz, a. a. O., S. 301

44 *Günderode*, S. 563, 564, 585, 591, 594, 600; vgl. «Bettina von Arnims Briefromane», a. a. O., S. 245

45 S. undat. Briefentwurf an den Buchhändler Merz, Müller, a. a. O., S. 491

46 B. an S. nach dem 8. 7. 1806, ebd., S. 260

47 «Goethes Briefwechsel mit Antonie Brentano», a. a. O., S. 6

48 Vgl. «Der Briefwechsel zwischen Bettine Brentano und Max Prokop von Freyberg», hg. von Sibylle von Steinsdorff, Berlin, New York 1972 (Max Prokop), S. 4

49 B. an S., ebd., S. 6; vgl. *Mich geht diese unversiegbare Gichtquelle nichts an*, B. an G., 6. 8. 1809, Chronik, S. 16; «Die romantische Schule», Heinrich Heine, Historisch-Kritische Gesamtausgabe der Werke, hg. von Manfred Windfuhr, 8/1, Hamburg 1979, S. 139, 178; B. an Tieck 3. 10. o. J., «Briefe an Ludwig Tieck», hg. von Karl von Holtei, 1, Breslau 1864, S. 16–18

50 Max Prokop, S. 5

51 Vgl. Windfuhr, a. a. O., S. 139; Begriff von der «zweiten, höhern Kindheit» in: «Novalis, Briefe und Werke», 2, Berlin 1943, S. 168; Helmut Schanze: «Index zu Novalis' Heinrich von Ofterdingen», Frankfurt a. M., Bonn 1968, S. 97–100; B. an Tieck, undat., von Holtei, a. a. O., S. 19

52 Friedrich Heinrich Jacobi: «Freundschaft und Liebe», Bremen 1970, Nachwort von Günter Schulz, S. 117

53 Max Prokop, S. 6

54 Caroline Schelling an Luise Wiedemann, Februar (?) 1809, «Caroline und Dorothea Schlegel in Briefen», hg. von Ernst Wieneke, Weimar 1914, S. 259; Jochen Kirchhoff: «Friedrich Wilhelm Joseph von Schelling», Reinbek 1982, S. 45

55 Max Prokop, S. 17

56 7. 12. 1809, ebd., S. 27

57 Caroline Schelling an Boisserée, 30. (?) 1810, Wieneke, a. a. O., S. 420

58 25. 3. 1810, Max Prokop, S. 28

59 Ebd., S. 29, 56–57, 253

60 Ebd., S. 49

61 Ebd., S. 242

62 Anonym: «Sie trägt die Schuld» in: «Urwähler = Zeitung», 29. 5. 1850; Kommentar Rainer Niebergall, Katalog, S. 166

63 Ein Ex. des Art. in B.s Nachlaß; vgl. «Tagebücher von K. A. Varnhagen von Ense» (VT), 22. 5., 25. 5. 1850, 7, Zürich 1865, S. 191, 196; Ingeborg Drewitz: «Bettine von Arnim», a. a. O., S. 250

64 David McLellan: «Karl Marx», München 1973, S. 234

65 «Friedrich Engels», a.a.O., S.61; zur Ausbildung der Terrorismustheorie s. Helmut Hirsch: «Karl Heinzen» in: «Beiträge zur Geschichte der Stadt Grevenbroich», H.6 (1985), S.118–119

66 «Goethes Tagebücher» (GT), 23.4.1807 (Weimarer Ausgabe) III, 3, 1889, S.206

67 G.s Mutter an Christiane 16.5.1807, «Die Briefe der Frau Rath Goethe», hg. von Albert Köster, Leipzig 1904, 2, S.155; s. B. an Achim (A.) 13.7.1807; Clemens an A. 17.7.1807, «Goethe in vertraulichen Briefen seiner Zeitgenossen», hg. von Wilhelm Bode, Bern 1969, 2, S.128, 129; siehe GT 1.–10.11.1807, a.a.O., S.291–294

68 Am 3.11., s. Fritz Bergemann, «Neues von und über Bettina», in: «Jahrbuch der Sammlung Kippenberg», 2, 1922, S.287

69 8.11.1807, GT, a.a.O., S.293; am 10. erzählt Bettine «Familiengeschichten», S.294

70 Wilhelm Bode: «Der weimarische Musenhof», Berlin 1918, S.IX

71 Vgl. G.s Mutter an B. 19.5. und 13.6.1807, Köster, a.a.O., S.158, 159

72 B. an G. 15.6.1807, Müller, a.a.O., S.8

73 B. an G. Anfang Dezember 1807, ebd., S.11–12

74 G. an B. 9.1.1808, ebd., S.15

75 G. an B. 24.2., 3.4., 20.4., 4.5., 22.6.1808, 22.2.1809, ebd., S.19, 24, 27, 29, 35, 47

76 B. an G. 8.3.[1809]; G. an B. 11.9., 15.9., 3.11.1809, ebd., S.49, 62, 67

77 Sibylle von Steinsdorff, Kommentar zu Grimms Bild, Katalog, S.31

78 G. an B. 5.2., 10.5., 17.8., 25.10.1810; B. an G. 4.11.[1810]; G. an B. 12.11.; B. an G. 28.11.1810; G. an B. 11.1.1811, Müller, a.a.O. S.77, 85, 86, 90, 92, 93, 94, 101, 104; zur Verwertung der B.schen Briefe siehe Johann Wolfgang Goethe: «Aus meinem Leben», hg. von Peter Sprengel, Münchner Ausg., Bd.16, 1985, S.871–872, 874–877, 881, 923 (Personenreg. unvollst.!)

79 B. an G. 11.5.1811, Müller, a.a.O., S.105; Karl Otto Conrady: «Goethe», Königstein/Ts. 1985, 2, S.339–340

80 B. an G. Juni 1825, September, Ende Oktober 1826, Mai 1828, Müller, a.a.O., S.121, 123, 126, 127

81 GT 7.8.1830, a.a.O., 12, 1901, S.285

82 B. an G., August, Spätherbst 1830, Müller, a.a.O., S.127, 128

83 GT 10.3.1832, a.a.O., 13, 1903, S.231

84 Richard Friedenthal: «Goethe», München 1980, S.305–307

85 Wolfgang W. Parth: «Goethes Christiane», München 1980, S.305–307

86 Vgl. Pauline Gotter an Schelling 23.10.1811, «Goethe in vertraulichen Briefen seiner Zeitgenossen», 2, S.329–330

87 B. an G. 8.3.[1809], Müller, a.a.O., S.50

88 Sibylle von Steinsdorff, Kommentar zu B.s undat. Brief an Ottilie von Goethe (Anfang November 1830), Katalog, S.50–51

89 Lily Braun: «Im Schatten der Titanen», Braunschweig 1909, S.201

90 G. an Großherzog Carl August 13.9.1826, «Goethes Briefe» (Hamburger Ausgabe), 4, 1967, S.201

91 *Gedichte, Prosa, Briefe*, hg. von Gerhard Wolf, Berlin-Ost 1984, S.332–333; vgl. *Ich hatte nie eine andere Liebe*, B. an Ottilie nach G.s Tod, in: Erna Arnold: «Goethes Berliner Beziehungen», Gotha 1925, S.422

92 Enid Margarete Gajek, «Die Bedeutung des Fürsten Hermann Pückler für Bettine», Katalog, S.253, 254

93 Pückler (P.) an B. 20.3.1832, 3.6.1833; B. an P., undat., 27.4.1834; P. an B. 22.3.1835, März 1836; P. an Gräfin Ida Hahn-Hahn, 27.3.1845; vgl. Enid Margarete Gajek, a.a.O., S.257–258, 260; «Briefwechsel des Fürsten Hermann von Pückler-Muskau», 1, hg. von Ludmilla Assing, Hamburg 1873, S.95, 115, 123, 124, 258, 269, 271, 338

94 Vgl. den Kommentar zu Heinrich Heine an Karl August Varnhagen von Ense, 1.4.1831, in: Dolf Sternberger: «Heinrich Heine und die Abschaffung der Sünde», Hamburg, Düsseldorf 1972, S.71–72

95 B. an P., undat.; vgl. P. an B. 26.2.1832, Ludmilla Assing, a.a.O., S.87, 129

96 *Dem Freund, Briefwechsel mit einem*

Kinde. III. T., Oehlke, 4, Berlin 1920, S. 175–176

97 Werner Vordtriede, «Bettina und Goethe in Teplitz», in: «Jahrbuch des Freien Deutschen Hochstifts», 1964, S. 344, 351; Gerhard Wolf, a. a. O., S. 333

98 G. an Christiane 11. 8., 13. 8. 1810, Goethes Werke, IV, 21 (Weimarer Ausgabe) 1896, S. 370, 371

99 *Briefwechsel mit einem Kinde*, III. T., a. a. O., S. 119

100 Helene M. Kastinger Riley: «Achim von Arnim», Reinbek 1979, S. 9, 26

101 Ebd., S. 24, 25, 26, 35

102 *Frühlingskranz*, S. 216, 219, 229, 230, 234

103 Helene M. Kastinger Riley, a. a. O., S. 43, 64, 65

104 Ebd., S. 66, 67, 71, 79

105 G. an Christiane 5. 8. 1812, Goethes Werke, a. a. O., IV, 23, 1900, S. 51

106 «Briefwechsel Achim von Arnim und Bettina Brentano», hg. von Werner Vordtriede mit einer Einl. von Rudolf Alexander Schröder, Frankfurt a. M. 1961 (Achim und Bettine), S. 15, 16, 17, 18

107 A. an B. 30. 4. 1825, 5. 8. 1826, ebd., S. 525, 615

108 Siehe Halbjährliches Zeugniß, 1826 für den Klein-Tertianer v. Arnim I., in: «Achim von Arnim», Ausstellungs-Katalog, Hg. Freies Deutsches Hochstift, S. 100

109 Wilhelm Grimm an Jacob Grimm 15. 6. 1816, Achim und Bettine, S. 37

110 B. an A. [5. 8. 1818], 5. 7. 1819, 6. 6. 1820, 25. 10. 1821, [15. 2. 1822]; A. an B. 19. 2.; B. an A. [26. 2.], 27. 2., [20. 3.], [5. 4. 1822], ebd., S. 137, 138, 170–171, 195, 333, 337, 340, 344, 345, 346, 353, 360

111 B. an A. 7. 1., 11. 1., 24. 12. 1823; [17. 12. 1825], 28. 12. 1826, 2. 1., [8. 12. 1827], ebd., S. 388, 389, 391, 439, 576–577, 637, 639, 713

112 A. an B. 22. 12. 1830, 1. 1., 7. 1., 16. 1.; B. an A. 18. 1. 1831, ebd., S. 924, 925, 926, 927, 929

113 Herbert Scurla: «Rahel Varnhagen», Düsseldorf 1978, S. 85, 414; s. Briefwechsel zwischen Varnhagen und Rahel, 2, Leipzig 1874, S. 109

114 Marie-Claire Hoock-Demarle, «Bettina Brentano-von Arnim», Paris 1981, S. 25–26

115 So Varnhagen, Scurla, a. a. O., S. 297

116 Ebd., S. 308, 320

117 Ludwig Marcuse: «Heinrich Heine», Reinbek 1970, S. 55; Scurla, a. a. O., S. 394, 395

118 Rahel an Varnhagen 3. 3. 1829, «Begegnungen mit Heine», hg. von Michael Werner, Hamburg 1973, 1, S. 175

119 Tagebucheintragung März 1828, Scurla, a. a. O., S. 418

120 Französ. Orig. des Worts von B. in: Otto Berdrow: «Rahel Varnhagen», Stuttgart 1902, S. 261

121 August 1831, Scurla, a. a. O., S. 417

122 S. B. an P. 13. 2. 1834, Ludmilla Assing, a. a. O., S. 191

123 B. an A. [September 1820], Achim und Bettine, S. 214–215

124 Schleiermacher an seine Frau 21. 7. 1824, ebd., S. 459

125 Scurla, a. a. O., S. 366, 367

126 B. an Wilhelm Grimm 6. 4. [1838], «Der Briefwechsel Bettine von Arnims mit den Brüdern Grimm», hg. von Hartwig Schultz, Frankfurt a. M. 1985, S. 27

127 Ehrenfried von Willich: «Aus Schleiermachers Hause», zit. in: «Bettinas Briefwechsel mit Goethe», hg. von Reinhold Steig, Leipzig 1922, S. 422

128 Marie-Claire Hoock-Demarle, a. a. O., S. 55

129 B. an A. 12. 12. 1828, Juni 1824; Achim und Bettine, S. 452, 782

130 Johannes Werner: «Maxe von Arnim», Leipzig 1937, S. 47–48

131 *Ambrosia*, S. 332

132 Dieter Kühn: «Bettines letzte Liebschaften», Frankfurt a. M. 1986, versucht die Lücke zu füllen

133 B. an A. 31. 8. 1824, Achim und Bettine, S. 477

134 Christa Wolf, a. a. O., S. 35

135 Achim und Bettine, S. 139

136 B. an A. 28. 6. 1818, ebd., S. 123

137 S. Helmut Hirsch: «Karl Ludwig Bernays», in: «Heine Jahrbuch» '74, S. 87

138 S. z. B. «An die Frau Elisabeth von Arnim für den kleinen Johannes Freimund», «Kinder- und Haus-Märchen, ges. durch die Brüder Grimm», Berlin 1812; «An die Frau Bettina von Arnim», Berlin, im Frühjahr 1843, Reprint, Walluf-Neudeln 1975, S. XIX

139 B. an Savigny 4.11.1839; B. an Jacob Grimm 13.11.1840; Schultz, a. a. O., S. 6, 12, 188, 189, 247, s. S. 260

140 Hans Christoph Worbs: «Felix Mendelssohn Bartholdy», Reinbek 1981, S. 22, 71

141 S. B. an A. [9.6.1825], Achim und Bettine, S. 536

142 B. an Freimund, vermutl. Ende 1841, Müller, a. a. O., S. 430

143 S. Boris Nicolaievski, Otto Maenchen-Helfen: «La Vie de Karl Marx», Paris 1970, S. 7–9, 49

144 S. Helmut Hirsch: «Karl Friedrich Koeppen», Neuabdr. in: «Denker und Kämpfer», Frankfurt a. M. 1955, S. 33, 35; Koeppen an Marx 3.6.1841, S. 42–46

145 VT 1., 10.10.1841, 1, S. 340–341, 346

146 B.s undat. Briefentwurf ohne Anschrift (Ende September 1841), Müller, a. a. O., S. 474

147 Briefwechsel mit einem Kinde, 1. T., S. 163

148 «Neumodische Romantik», Helmut Hirsch: «Karl Marx als Dichter», in: «Muttersprache», H. 5/6 1983/84, S. 439; zur Kreuznacher Begegnung s. S. 441–443

149 B. an A. 18.6.1818, Achim und Bettine, S. 117

150 B. Lucas (B. Beluthy), «Ein Erinnerungsblatt aus London», in: «Leipziger Sonntagsblatt» Nr. 37, 14.9.1862, S. 290–291; Jürgen Behrens: «Bettine von Arnim und Felix Prinz Lichnowsky», in: «Archiv für Frankfurter Geschichte und Kunst» 1985, S. 341

151 Karl Marx an Justus Wilhelm Edward von Schaper in Koblenz zwischen dem 12. und 17.11.1842, MEGA, III, 1, Berlin (Ost) 1975, S. 35; s. S. 34, 913; Marx an Arnold Ruge 25.1.1843, ebd., S. 43; Rumohr: «Der deutsche Zollverein neben den Hansestädten», in: «Rheinische Zeitung», Nr. 18, 18.1.1842, nachgedr. aus «Staats-Zeitung»

152 B. an Freimund, vermutl. Ende 1841, Müller, a. a. O., S. 430

153 Dies Buch gehört dem König, Oehlke, VI, Berlin 1921 (Königsbuch), S. 7

154 B. an Friedrich Wilhelm IV. Sommer 1843, Müller, a. a. O., S. 339

155 Zum Folgenden s. Helmut Hirsch, «Die Berliner Welcker-Kundgebung», in: «Archiv für Sozialgeschichte», 1, 1961, S. 27–42

156 Veit Valentin: «Geschichte der deutschen Revolution von 1848–1849», Frankfurt a. M., Wien, Zürich 1977, 1, S. 50; B. undat., an unbekannt, Müller, a. a. O., S. 471

157 Königsbuch, S. 52, 115

158 S. Helmut Hirsch: «Friedrich Engels», a. a. O., S. 20–21

159 [Moses Hess:] «Die heilige Geschichte der Menschheit», Stuttgart 1837, S. 345

160 Königsbuch, S. 269, 340; vgl. S. 259–264 zu Helmut Hirsch «Marx über Napoleon», in: «Denker und Kämpfer», a. a. O., S. 111–121

161 Königsbuch, S. 454

162 VT 19.2.1842, 2, Leipzig 1861, S. 23–24

163 Hartwig Schultz, «Die späten Jahre in Berlin», Katalog, S. 109, 111

164 «Bettina von Arnims Armenbuch», hg. von Werner Vordtriede, Frankfurt a. M. 1969 (Armenbuch), S. 11

165 Ebd., S. 7–8, 9, s. S. 12, 21, 32, 36, 37; vgl. VT 12., 19., 20., 24.6.1844, a. a. O., 2, S. 311, 314, 315

166 S. Helmut Hirsch, «Karl Ludwig Bernays und die Revolutionserwartung vor 1848», Trier 1976, S. 7–8

167 VT 29.9.1844, a. a. O., S. 374

168 «Aus dem Briefe einer deutschen Dame», in: «Vorwärts!», 10.8.1844, Jacques Grandjonc: «Vorwärts! 1844», Bonn–Bad Godesberg 1974, S. 55

169 VT 14.12.1844, a. a. O., S. 413

170 B. an Friedrich Wilhelm IV. 18.7.1845, Armenbuch, S. 24, 30. Zur Dauer der Unterredung B.s mit dem König vgl. Valentin, a. a. O., S. 50–51

171 Laut Karl Gutzkow: «Ein Gespräch mit George Sand», «Eine Sammlung seiner kritischen Schriften», hg. von Peter Demetz, Frankfurt, Berlin, Wien 1974, S. 216

172 Armenbuch, S. 10, 26

173 Reiner Niebergall, «Kommentar zur Lithographie ‹Louis von Mieroslawski vor dem Gerichtshofe›», Katalog, S. 170–171

174 Karl August Varnhagen von Ense: «Betrachtungen und Bekenntnisse aus den Tagebüchern 1835 bis 1858», Berlin (Ost) 1980, S. 83, 138

175 B. an Siegmund, undat. (19.–20. 3. 1848), siehe Müller, a. a. O., S. 407–408

176 Ebd., S. 409, 410

177 B. an Friedrich Wilhelm IV. 11. 9. 1849, ebd., S. 360; Entwurf ebd., S. 374

178 Der Leiter des Carl Schurz-Kreises, Ertstadt, stellte dem Verf. den Text des mit der Befreiungsaktion verbundenen Briefs von Schurz an Dr. med. Louis Lehmann vom 12. 3. 1850 zur Verfügung

179 Fotomechanische Reproduktion in: «Bettina von Arnims Polenbroschüre», hg. von Ursula Püschel, Berlin (Ost) 1954, S. 91–175. Das zitierte Urteil ist aus Marie-Claire Hoock-Demarle: «Bettina Brentano-von Arnim», Staatsthese, Paris 1986, S. 560

180 S. Helmut Hirsch: «Robert Blum», Köln 1977

181 Müller, a. a. O., S. 371

182 Everett Helm: «Franz Liszt», Reinbek 1982, S. 145; Renate Moering, «Bettines Liedvertonungen», Katalog, S. 179, 184, 192, 193

183 Ebd., S. 198–200

184 Fritz Zobeley: «Ludwig van Beethoven», Reinbek 1982, S. 93

185 B. an Max Prokop, 8. 6. [1810], Max Prokop, S. 69

186 Harry Goldschmidt: «Um die unsterbliche Geliebte», Leipzig 1977, S. 349

187 VT 15. 2. 1856, 12, 1870, S. 382

188 S. Walter Weisbecker, «Stefan Zweig entdeckte den gefälschten Brief», in: «Frankfurter Allgemeine Zeitung», 26. 1. 1984

189 Paul Bekker: «Beethoven», Berlin 1912, S. 361

190 Goldschmidt, a. a. O., S. 104

191 Beethoven an B. 10. 2. 1812, Zobeley, a. a. O., S. 93–94

192 Goldschmidt, a. a. O., S. 67

193 Maynard Solomon: «Beethoven», aus dem Amerikanischen von Ulrike von Puttkammer, München 1979, S. 213

194 Wie Anm. 189

195 Beethoven an G. 12. 4. 1811, «Goethes Briefe», I, 2 (Hamburger Ausgabe), 1969, S. 84

196 G. an Beethoven [25. 6. 1811], «Goethes Werke», IV, 22 (Weimarer Ausgabe), 1901, S. 116

197 «Verbindende Texte zu Beethovens Egmont-Musik», hg. von Karl Konrad Polheim, Bonn 1982, S. 13

198 Wie Anm. 195; vgl. G. an Knebel 29. 12. 1819, «Goethes Werke», IV, 32 (Weimarer Ausgabe), 1906, S. 131; G. an Marianne von Willemer 12. 7. 1821, «Goethes Werke», a. a. O., 35, S. 8; «Goethes Gespräche», hg. von Flodoard von Biedermann, Leipzig 1909, S. 518

199 Vgl. Bekker, a. a. O., S. 33 und Arnold Schmitz: «Das romantische Beethovenbild», Darmstadt 1978, passim, wo B.s Beethoven-Bild zerpflückt wird

200 VT 15. 5. 1838, 1, 1861, S. 92, 93

201 Worbs, a. a. O., S. 45, 80

202 Robert Schumann an Henriette Voigt 10. 6. 1838 (?), Heinrich Heine-Institut, Düsseldorf

203 Wilhelm Schadow an Joseph Fraenkel 5. 11. 1853, ebd.

204 Paula und Walter Rehberg: «Robert Schumann», Zürich, Stuttgart 1914, S. 362

205 Brahms an Albert Dietrich 21. 11. 1853, Heinrich Heine-Institut, Düsseldorf

206 S. Brahms an Clara Schumann 29. 11. 1854, Richard Litterscheid: «Johannes Brahms in seinen Schriften und Briefen», Berlin 1943, S. 78; Florence May: «Johannes Brahms», übers. von Ludmilla Kirschbaum, München 1983, S. 139; Richard Heuberger: «Erinnerungen an Johannes Brahms», hg. von Kurt Hofmann, Tutzing 1976, S. 118

207 Eva Weissweiler, «Robert Schumanns letzte Lebensjahre in der psychiatrischen Klinik Bonn-Endenich», in: Beilage der «Frankfurter Allgemeinen Zeitung», 1. 2. 1986; vgl. Arnfried Edler: «Robert Schumann und seine Zeit», o. O. 1982, S. 285; zur Korrespondenz B.s mit Schumann: «Briefe und Gedichte aus dem Album Robert und Clara Schumanns», hg. von Wolfgang Boetticher, Leipzig 1979, S. 21, 214–216

208 *Günderode*, S. 190–191

209 *Frühlingskranz*, S. 341

210 Heinz Rölleke: «Bettines Märchen», Katalog, S. 225, 226, 228, 231

211 «Im Wendepunkt der Epoche. Goethe, Hegel, Heine», Gutzkow, a. a. O., S. 99

212 Sibylle von Steinsdorff, «Kommentar zu Goethes Correspondence with a child», Katalog, S. 54, 55, 57; siehe Simpsonne an B., Dimanche, Ende 1837/Anfang 1838, ebd., S. 58; Arthur Helps, Elizabeth Jane Howard: «Bettina, a portrait», London 1957, S. 173; VT 4. 3. 1842, 2, S. 29; Werner Liersch: «Dichters Ort», Rudolstadt 1985, S. 93; Michail Bakunin, «Kniga Ljubvi» [Das Buch der Liebe], in: «Syn otečestva» [Sohn des Vaterlands], 2, 1838, S. 55–90, nach T. P. Dehn: «Bettina von Arnim und Rußland» in: «Zeitschrift für Slavistic», 1959, S. 356; vgl. *Ich liebe das junge Deutschland nicht* in: Adelheid von Schorn: «Zwei Menschenalter», Berlin 1901, S. 44

213 S. Abb. in Margaret A. Rose: «Marx's lost aesthetic», Cambridge etc., S. 53, 58; Petra Maisak, «Bettines Umgang mit der bildenden Kunst», Katalog, S. 205, 207; vgl. S. 203

214 Ebd., S. 207–208

215 Rainer Niebergall, Kommentare zu B. an OB Krausnik, 8. 9. 1840, und «Die Ehrenpforte zur Einholung Sr. Maj. des Königs und Ihrer Maj. der Königin von Preußen zu Berlin am 21. September 1840», Katalog, S. 118, 119

216 VT 15. 10. 1840, 1, S. 228; Rainer Niebergall, Kommentar, Katalog, S. 119

217 B. an A. [19. 5. 1827], 4. 4., [21. 7.] 1829, Achim und Bettine, S. 661, 791, 820; s. a. «Karl Friedrich Schinkels Berlin», Berlin 1973; Mario Zadow: «Karl Friedrich Schinkel», Berlin 1980, passim; «Karl Friedrich Schinkel», Hg. Verwaltung der staatlichen Schlösser und Gärten usw., Berlin 1981; «Schinkel-Ehrung in der Deutschen Demokratischen Republik», Hg. Staatliche Museen zu Berlin, DDR, o. J. [1981]

218 Petra Maisak, a. a. O., S. 212

219 Wie Anm. 2

220 Gerhard Wolf, a. a. O., S. 16–19

221 Ingeborg Drewitz, a. a. O., S. 247

222 Herbert Gottschalk: «Ungarn», Stuttgart, Berlin, Köln, Mainz 1970, S. 244, 245

223 Gerhard Wolf, a. a. O., S. 16–17

224 «Gespräche mit Dämonen», hg. von Gustav Konrad, Frechen 1963 (Dämonenbuch); Ingeborg Drewitz, a. a. O., S. 238, 246, 247, 248

225 Vgl. Gisela Dischner: «Bettina von Arnim», Berlin 1984, S. 36, wo das Dämonenbuch «unter einer härteren Zensur erschienen» ist, und S. 40, wo das Königsbuch «ein Jahr vor dem Kommunistischen Manifest» erscheint

226 «Gesellschaftskritik im Werk Heinrich Heines», hg. von Hedwig Walwei-Wiegelmann u. a., Paderborn 1974, S. 33

227 Zeitgedichte 21, «Heinrich Heine, Werke und Briefe», Bd. 1, Berlin (Ost) 1961, S. 337

228 Fritz Mende: «Heinrich Heine, Chronik seines Lebens und Werkes», Berlin (Ost) 1970, S. 275; Varnhagen an Heine, 21. 2. 1847, «Heinrich Heine» (Säkularausgabe), 26, Berlin (Ost), Paris 1975, S. 195

229 Ingeborg Drewitz, a. a. O., S. 246

230 Gerhard Wolf, a. a. O., S. 167, 173, 174, 175

231 S. «Zionismus», hg. von Julius H. Schoeps, München 1973, S. 46–50, 51–57

232 Gerhard Wolf, a. a. O., S. 176–177

233 No 7, 23. 4. 1808, reprint des 1808 in Heidelberg erschienenen Orig., Darmstadt 1962; s. Rölleke, a. a. O., S. 227

234 Eckart Kleßmann, «Romantik und Antisemitismus», in: «Der Monat», H. 249, Juni 1969, S. 65–66, 69; Eric Werner: «Felix Mendelssohn Bartholdy», London 1963, S. 587–598

235 Konrad Feilchenfeldt, «Bettine, Rahel und Varnhagen», Katalog, S. 238

236 B. an A. 8. 2., 24. 5. 1825, Achim und Bettine, S. 513, 533

237 Johannes Werner, a. a. O., S. 181

238 Dämonenbuch, S. 333; vgl. A. an B. 13. 2. 1825, Achim und Bettine, S. 515

239 Hess an Auerbach 11. 12. 1840, Helmut Hirsch, «Moses Heß und Köln» in: «Köln und das rheinische Judentum», hg. von Jutta Bohnke-Kollwitz u. a., Köln 1984, S. 174; s. Chronik, S. 35

240 Dämonenbuch, S. 407

241 Johannes Werner, a. a. O., S. 200, 217, 219

242 Konrad Feilchenfeldt, «Die Anfänge des Kults um Rahel Varnhagen und seine Kritiker», in: «Juden im Vor-

märz und in der Revolution von 1848», hg. von Walter Grab und Julius H. Schoeps, Stuttgart, Bonn 1983, S. 265

243 Johannes Werner, a. a. O., S. 220

244 «Elisabeth v. Arnim», in: «Dideskalia, Blätter für Geist, Gemüth und Publicität», 22. 1. 1859

245 Paul Landau, «Gesellschafts-Kultur», in: «Juden im Deutschen Kulturbereich», hg. von Siegmund Kaznelson, Berlin 1962, S. 883

246 «Die Ronsdorfer Rede» in: «Ferdinand Lassalle», hg. von Helmut Hirsch, Bremen 1964, S. 402

247 Dämonenbuch, S. 367

248 Vgl. ebd., S. 400 und Hirsch, a. a. O., S. 405

249 Ingeborg Drewitz, a. a. O., S. 258

250 Ursula Püschel, a. a. O., S. 53

251 Gerhard Wolf, a. a. O., S. 343

252 S. Helmut Hirsch, «Jean Jaurès und August Bebel», in: «Die geteilte Utopie», hg. von Marieluise Christadler, Opladen 1985, S. 33

253 Gutzkow, a. a. O., S. 93

254 Karl Gutzkow, «Ein Besuch bei Bettinen», in: «Telegraph für Deutschland», Nr. 1–2, 1837, S. 80

Zeittafel

1730 6. Oktober: Bettines Großmutter Sophie von Laroche geboren

1735 19. September: Bettines Vater Pietro Antoni Brentano geboren

1756 31. Mai: Bettines Mutter Maximiliane von Laroche geboren

1758 Bettines Vater erhält Beisassenschutz

1762 Bettines Vater erlangt Frankfurter Bürgerrecht

1769 14. September: Alexander von Humboldt geboren

1774 9. Januar: Maximiliane von Laroche wird dem verwitweten Handelsherrn und Kurtrierischen Residenten Brentano angetraut
Ende Mai: Goethe an Sophie von Laroche: «Die liebe Maxe seh' ich selten, doch wenn sie mir begegnet, ist's immer eine Erscheinung vom Himmel»

1778 8. September: Bettines Bruder Clemens geboren

1780 11. Februar: Karoline von Günderrode geboren

1781 26. Januar: Ludwig Joachim von Arnim geboren

1785 4. Januar: Jacob Grimm geboren
21. Februar: Karl August Varnhagen geboren
4. April: Bettine im «Haus zum Goldenen Kopf» in der Großen Sandgasse, Frankfurt a. M., geboren

1786 24. Februar: Wilhelm Grimm geboren

1789 3. Januar: Max Prokop Freiherr von Freyberg-Eisenberg geboren

1791 2. April: Graf Honoré-Gabriel Riqueti von Mirabeau gestorben

1792 20. September: Goethe erlebt mit der Beschießung von Valmy den Sieg des französischen Revolutionsheers

1793 19. November: Bettines Mutter gestorben

1794–1797 Bettine auf der Fritzlarer Klosterschule, mit ihren Schwestern Gunda, Lulu und Meline

1795 21. Dezember: Leopold von Ranke geboren

1796 Franzosen räumen Frankfurt

1797 9. März: Bettines Vater gestorben. Sie kehrt nach Frankfurt zurück; Pflegevater wird im Mai Halbbruder Franz
Ende Juli: Bettine kommt mit Lulu und Meline zur Großmutter nach Offenbach
13. Dezember: Harry (Heinrich) Heine geboren

1798 Bettine und Clemens «entdecken» sich

1801 Bettine, «mißhandelt von ihrer Familie» (Clemens an Achim, 8. September), schließt sich an Karoline von Günderrode an

1802 Juni: Bettine lernt Achim von Arnim als Studienfreund ihres Bruders kennen
28. November: Rückkehr nach Frankfurt

1803 11. Dezember: Clemens heiratet die geschiedene Sophie Mereau

1804 17. April: Friedrich Karl von Savigny heiratet Gunda Brentano

1806 26. Juli: Karoline von Günderrode begeht Selbstmord am Rheinufer bei Winkel

1807 18. Februar: Sophie von Laroche in gänzlicher Entkräftung gestorben

23. April: Auf der Rückfahrt von Berlin nach Kassel wird die mit Lulu und deren Mann in grauen Beinkleidern Reisende durch Wieland bei Goethe eingeführt als «Bettina Brentano, Sophiens Schwester, Maximilianes Tochter, Sophien La Roches Enkelin»

17. Juli: Bettine macht erste Notizen bei Goethes Mutter

1.–10. November: Bettine besucht Goethe mit Savignys, Clemens und Achim – am 8. «nach Tisch» allein

Vor Weihnachten: Goethe schreibt für Bettine zwei (1815 publizierte) Sonette auf, in denen ihre Liebesergüsse wörtlich verwendet werden

1808 13. September: Goethes Mutter gestorben

17. September: Bettine hält sich nach mehreren Verwandtenbesuchen in Frankfurt auf

29. September: Bettine geht mit Savignys nach München

1809 In München wohnt Bettine mit Savignys Kindern bei Graf Moy, Rosengasse III

5. November: «Das Porträt von Bettine» (Ludwig Emil Grimm) erreicht Goethe

1810 30. April: Bettine mündig

Zweite Maihälfte: An den drei letzten Abenden ihres Aufenthalts in Wien ist Bettine mit Beethoven zusammen

16. Juni: Bettine beschwört Max

Prokop: *O, bleib' wie Du bist, ein Kind!*

9.–11. August: Bettine mit Savignys im nordböhmischen Bad Teplitz, am 11. abends bei Goethe: «Mit Bettinen im Park spazieren. Umständliche Erzählung von ihrem Verhältnis zu Fräulein Günderode»

1811 11. März: Bettine und Achim in Verschwiegenheit getraut

Ende März (bis 1. Mai 1813): Arnims wohnen im Gartenhaus des Gräflich Vossischen Palais, Berlin

25. August–Mitte September: Arnims in Weimar, häufig bei Goethe zu Gast, am 28. August zur Geburtstagsfeier; am 2. September bleibt Bettine und erzählt «nach ihrer Weise», am 6. von Goethes Mutter, am 8. über «ihre Geschichten mit Tieck»; am 13. streitet Bettine sich mit Goethes Frau Christiane

1812 5. Mai: Bettines Sohn Freimund geboren

1813 2. Oktober: Bettines Sohn Siegmund geboren

1814 Frühjahr: Arnims verlassen ihr Berliner Stadthaus und wohnen bis Dezember in Wiepersdorf/ Baerwalde

1815 9. Februar: Bettines Sohn Friedmund geboren

Winter: Arnims wieder gemeinsam in Wiepersdorf

1816 6. Juni: Goethes Frau gestorben

19. Juni: Goethe notiert «Bibliothekar Grimm, mit Nachricht von Arnims»

1817 Neujahr: Bettine zieht nach Berlin in die Letzte Straße 51, danach in die Georgenstraße 3

24. März: Bettines Sohn Kühnemund geboren

1818 23. Oktober: Bettines Tochter Maximiliane geboren

1819 22. Mai: Sanitäre Installationen in Wiepersdorf durch Achims Bruder «Pitt» verbessert. *Er hat die Pot de chambre-* (Nachttopf-) *und chaise percée-* (Nachtstuhl-) *Gemeinde auf einen ganz anderen Fuß gesetzt, keine Suppenterrine, kein Bierfaß... die Nachtstühle, die sonst wie artige chinesische Lusthäuser luftig gebaut waren, sind jetzt wie geheime Staatskabinette eingerichtet... Pitt durchschaut seines Vaters hinterlassene correspondence und macht A-Wische, Arnim nimmt die andere Hälfte, die noch weiß und brauchbar ist, um Verse darauf zu schreiben; da sieht man den ungeheuren Unterschied zwischen einem Dichter und einem Diplomaten* (Werner Liersch, Dichters Ort, Rudolstadt 1985)

1820 Bettine wohnt im Haus Unter den Linden 76

1821 4. März: Bettines Tochter Armgard geboren

1823 Eheprobleme. Beginn mit der Arbeit am Goethe-Denkmal

1824 Goethe notiert:
26. Juli «Frau von Arnim Zeichnungen vorweisend»
19. Oktober «abends Frau von Arnim, von ihren Frankfurter Expeditionen»
20. Oktober «Frau von Arnim»

1826 27. August–11. September: Bettine häufig Goethes Gast; Gesprächsstoff: am 28. August «alte Musik», am 3. September «viele Brentanosche Abenteuer», am 6. «frühere Frankfurter Geschichten», am 9. «von Hof kommend und erzählend», am 11. wird Bettine «porträtiert»
21. Oktober: Bettine nennt Goethe «verrückt»

1827 26. März: Ludwig van Beethoven gestorben

30. August: Bettines Tochter Gisela geboren

1830 7. August: «Frau von Arnims Zudringlichkeit abgewiesen» (Goethes Tagebuch)
November / Dezember: Achims letzter Besuch bei Bettine in Berlin

1831 21. Januar: Achim gestorben; Wilhelm Grimm Nachlaßverwalter

1832 Jahresanfang: Vermutlicher Beginn des Briefwechsels mit Fürst Pückler-Muskau
10. März: «Ein junger von Arnim» (Siegmund) bei Goethe zu Tisch, ebenso am 11., 13., 14., 15.; während einer gemeinsamen Spazierfahrt zieht Goethe sich eine Lungenentzündung zu
22. März: Goethe gestorben

1833 7. März: Rahel Varnhagen gestorben

1834 12. Februar: Friedrich Schleiermacher gestorben

1835 Frühjahr: Bettine bezieht das 2. Stockwerk des Raczynskischen Palais Unter den Linden 21 (bis 1843)
24. Juni: Kühnemund tödlich verunglückt

1837 Die gegen den königlichen Verfassungsbruch protestierenden «Göttinger Sieben» werden unter einem Vorwand entlassen
Ab September: Immer wieder längere Aufenthalte Bettines auf Ritterschlößchen Baerwalde

1839 25. März: Bettine schwört Wilhelm Grimm brieflich, für ihn und den Bruder *herzhaft in die Dornen der Zeit zu greifen*
Frühling: Moriz Carriere, «damals sicher der einflußreichste und eifrigste ihrer jugendlichen Anhänger» (W. Schmitz), beginnt die langjährige Bekanntschaft mit Bettine

1840 2. November: Der König beruft die Brüder Grimm nach Berlin

1841 17. Mai: Friedrich Wilhelm nimmt schriftlich die Widmung des Königsbuchs an; Johann Jacoby offeriert Bettine Hilfe

1842 Adolf Brennglas (Glasbrenner) läßt in seinem Sketch «Franz Liszt in Berlin» als dritte Person «Frau v. Immerkind» auftreten

24. Juli: Clemens Brentano gestorben

1843 Bettine wohnt Hinter dem Neuen Packhof 2

1844 24. Februar: Bettines Gast, Hoffmann von Fallersleben, aus Berlin ausgewiesen

26. Juli: Mißglücktes Attentat von Ex-Bürgermeister Heinrich Ludwig Tschech auf den König

1845 Bettine wohnt zwei Jahre lang Köthener Str. 8/9

Frühjahr: Bettine setzt sich für den verhafteten Demokraten Friedrich Wilhelm Schloeffel ein Auf «dringende Bitte» ihrer französischen Übersetzerin hin richtet Bettine ein Gnadengesuch für Louis von Mieroslawski an Friedrich Wilhelm IV. und gibt dem russischen Schriftsteller und Übersetzer Nikolaj M. Satin ein Schreiben für George Sand mit

1847 21. August: Bettine, wegen angeblicher Beleidigung zu zwei Monaten Gefängnis und den Kosten verurteilt, zieht sich ungestraft auf ihr Gut zurück, mietet dann eine Berliner Außenbezirkswohnung In den Zelten 5

1848 19. März: Ein kämpfender Student gesteht Bettine, wie ungern er Steine geworfen und daß er ermattete Gegner gelabt hat

1849 9. Juli: Durch Gisela übermittelt Bettine dem König ein Gnadengesuch für den Dichter und Kunsthistoriker Gottfried Kinkel

1850 31. Januar: Die vom König verfügte Verfassung tritt in Kraft

22. Mai: Mißglücktes Attentat des Artilleristen Seseloge auf Friedrich Wilhelm IV.

6. November: Gottfried Kinkel, von Karl Schurz befreit, emigriert

1851 21. Januar: Max Prokop gestorben

1852 Vor dem 28. Juli: Bettine vorübergehend an Händen und Füßen gelähmt

1853 28. Oktober: Robert Schumann vermerkt im Ausgabenbuch: Zum Diner Frau v. Arnim (Bettina) u[nd] ihre Tochter Gisel 9 [Taler] 15- [Groschen]

1855 Mai: Bettine besucht den kranken Schumann

1856 29. Juli: Robert Schumann verhungert in der Tobezelle

Winter: Bettine erleidet einen schweren Schlaganfall

1857 Mitte August: Bettine mit Familie in Teplitz

8. Oktober: Friedrich Wilhelm IV. erleidet einen Schlaganfall

1858 4. April (Ostersonntag): Varnhagen und seine Nichte Ludmilla Assing bringen der «sehr leidenden» Bettine zum 74. Geburtstag Blumen

10. Oktober: Geheimer Legationsrat Varnhagen gestorben

1859 20. Januar: Bettine in Berlin gestorben

6. Mai: Alexander von Humboldt gestorben

Nach dem Ende des Zweiten Weltkriegs wird das 1804 von Bettines Familie erworbene Brentano-Haus in (Oestrich-) Winkel – bei Terminverabredung – zur Besichtigung freigegeben

1946 Schloß Wiepersdorf wird Volkseigener Besitz als Bettine von Arnim Heim-, Arbeits- und Erholungsstätte für Kultur- und andere Geistesschaffende

Zeugnisse

Clemens Brentano (Pseudonym: Maria)
Ich hätte sie übersehen mit ihren Locken der Nacht, wenn ihre schönen Augen nicht leuchteten und milde, schöne Blicke aus ihnen stiegen, wie Strahlen zweier einsamer Sterne am Himmel. Kannst Du Dir ein Mädchen denken mit allen Zeichen der Glut, die sanft und stille ist, ein schöner Busen, so sittlich verhüllt, daß sich jeder umsonst bemühen wird, irgend den Zwiespalt – – in ihrer Brust zu erkennen?
«Godwi oder Das steinerne Bild der Mutter». 1801

Wilhelm Grimm
Sie gehört zu den Geistreichsten, die mir mein Lebtag begegnet sind, und wer sie frei und unbefangen beurteilen kann, muß eine große Freude empfinden, wenn er sie reden hört, es sei nun, daß sie erzählt oder daß sie ihre Gedanken äußert über das, was ein menschliches Herz bewegen kann und wovon das Höchste ihr nicht fremd geblieben ist. Noch hat ihr Geist nichts von seiner Lebhaftigkeit verloren, und selbst kränklich (was sie vorher nie war) ist er noch so tätig wie vor 17 Jahren, wo ich sie zuerst kennenlernte.
An den Marburger Professor Suabedissen, 2. Oktober 1824

Johann Wolfgang von Goethe
Das italienische Blut in ihr hat freilich die Mignon aufs lebhafteste auffassen müssen. Solche problematischen Charaktere aber interessieren mich immer um so mehr, je schwieriger es mir wird, sie zu erklären und zu entziffern.
Zu Kanzler Friedrich von Müller, 23. September 1827

Leopold von Ranke
Sie tappt mit der Wünschelrute, mit ihren Gedanken, oft lange hin und her, bis sie einschlägt. Dann ist ihr Predigen ein Weissagen, und die Fülle des Lebens gebiert sich in ihr wieder.
An Varnhagen, 8. April 1828

Ludwig Börne
Die Verfasserin hat ein merkwürdig[e]s Talent zu porträtieren, sowohl Zeiten als Menschen, welches sich mit ihrem nationellen Talente zu idealisieren gar wohl verträgt. Es wäre gut, sie gründete eine Unterrichtsanstalt für die historischen Professoren der deutschen Universitä-

ten, welche die Kunst besitzen, sehr gute Geschichtsbücher zu schreiben, aber nicht die Kunst, sie lesen zu machen. Es wäre eine Kochschule, in der man lernte, wie aus den vortrefflichen Viktualien der deutschen Literatur alles Zähe, alle Säure und fixe Luft zu vertreiben sei, damit sie zur wohlschmeckenden und gesunden Nahrung werde.

Rezension von «Goethes Briefwechsel mit einem Kinde», 1835

Ivan S. Turgenev

Wie die Pflanzen aus dem Boden der Erde, wachsen Ihnen die Gedanken hervor – und es ist dieselbe Entfaltung des Geistes – welcher dort als organisches Gebild, hier als der Gedanke dieses Gebildes, als Seelenpflanze in das Licht heraus sich offenbart. – So sollte jeder Mensch sein.

Entwurf eines Briefs an Bettine nach einem unmittelbar vorangegangenen Besuch in Berlin, Ende 1840 / Anfang 1841

Jacob Burckhardt

Ein vierundfünfzigjähriges Mütterchen, klein, aber von schöner Haltung, mit wahrhaften Zigeunerzügen im Angesicht, aber so wunderbar interessant wie selten ein weiblicher Kopf, schöne, echte kastanienbraune Locken, die braunsten, wundersamsten Augen, die mir noch vorgekommen sind. Sie trug ein dunkelviolettes seidenes Kleid und drüber einen hellmeergrünen Shawl, den sie unaufhörlich in die zierlichsten Falten warf. Es muß ein superfeines Gewebe sein, denn wenn sie ihn über der Hand zusammenzog, so sah man die ganze Gestalt der – noch immer schönen – Hand hindurch.

An seine Schwester, 29. Januar 1842

Heinrich Grunholzer

Ganz ernst spricht sie gegen Eichhorn und Schelling und bezeigt große Achtung vor Bruno Bauer. Den Studenten wirft sie vor, daß dieselben schon beim Beginn des Studiums festsetzen, an welcher «Hobelbank» sie einst arbeiten wollen. Heftig bekämpft sie das christliche Vorurteil gegen die Juden und erzählt, wie sie einer Jüdin, Mutter von acht Kindern, aufgeholfen, wie der König Friedrich Wilhelm IV. nicht so großzügig wie der König von Württemberg, die Bittende abgewiesen und sie endlich bei Rothschild in Frankfurt Hilfe gefunden habe. Sie ist derb, klar, männlich fest. Man muß es sich gefallen lassen, wenn auf unbesonnene Antworten folgt: «Sind noch unerfahrener Jüngling», oder, wenn man schweigt: «Was gucken Sie mich an? Dürfen Sie nicht heraus mit der Sprache?» Dagegen nimmt sie den heftigen Widerspruch nicht übel. Auf dem Sofa macht sie sich ganz bequem.

Tagebuch, 26. Februar 1843

Hans Christian Andersen

Eine Stunde Unterhaltung mit Bettina, in welcher sie das Wort führte, war so reich, so interessant, daß ich bei dieser Beredtsamkeit, diesem Feuerwerk von Ideen, fast verstummte.

«Märchen meines Lebens». Sommer 1844

Karl August Varnhagen von Ense
Ich sollte über Bettinens von Arnim eigenstes Wesen Auskunft geben. Ich sagte endlich: «Häufen Sie Widersprüche auf Widersprüche, bergehoch, überschütten Sie alles mit Blumen, lassen Sie Funken und Blitze herausleuchten, und nennen Sie's Bettina.»

Tagebuch, 25. Mai 1850

Rainer Maria Rilke
Diese wunderliche Bettine hat mit allen ihren Briefen Raum gegeben, geräumigste Gestalt. Sie hat von Anfang an sich im Ganzen zu ausgedeutet, als wär sie nach ihrem Tod. Überall hat sie sich ganz weit ins Sein hineingelegt, zugehörig dazu, und was ihr geschah, das war ewig in der Natur; dort erkannte sie sich und löste sich beinah schmerzhaft heraus; erriet sich mühsam zurück wie aus Überlieferungen, beschwor sich wie einen Geist und hielt sich aus.

«Die Aufzeichnungen des Malte Laurids Brigge». 1904–1911

Hermann Hesse
Es enthüllt sich für einen Augenblick der ganze sinnvolle Widersinn des Goetheschen Lebens, der Sinn einer Formelsteifheit, der Sinn seiner gehäuften Sammlungen, der Sinn seiner unheimlichen Betriebsamkeit, welche ihn auch das Phänomen Bettina, so wenig es ihm bequem war, nicht wegweisen, sondern mit in sein Naturalienkabinett aufnehmen ließ.

«Betrachtungen». 1928

Christa Wolf
Ausgerechnet in dem versteinertsten Jahrzehnt des vorigen Jahrhunderts beginnt Frau von Arnim aktiv zu werden, macht ihre Wohnung im Herzen der preußischen Großstadt, Unter den Linden 21, zum Zentrum für unabhängige Geister, schert sich den Teufel um Bespitzelung, Postzensur und Observation, empfängt Durchreisende und Verehrer, bewältigt kaum ihren täglichen Posteingang, kümmert sich um die Cholerakranken ebenso wie um die Armen im ‹Vogtland› vor dem Hamburger Tor. Und schreibt.

«Ein Brief über die Bettine». Dezember 1979

Ingeborg Drewitz
Ungewöhnlich vital, ungewöhnlich begabt, verzweigen sich ihre Fähigkeiten, ohne an Kraft einzubüßen. Das Bild des Baumes, das sie so oft beschworen hat, gibt viel von ihr preis und ergänzt das andere, ebenso bevorzugte Bild erotischer Verehrung, das Kauern, das Zu-Füßen-Liegen, das Vertrauen und Demut mitbringt, den Wunsch, einzuwurzeln.

«Bettine von Arnim: Romantik, Revolution, Utopie». 1984

«Auch wir Frauen suchen doch Gleiches …

... Männlicher Geist, als ob es den wirklich in Reinheit gäbe. Zwei Blätter an einer Blüte, ja, das trifft auf uns Menschenkinder gemeinsam zu.»

Eher zaghaft noch klingt hier auf, was für die Frauen von heute selbstverständlich ist: Gleichberechtigung im Denken und Handeln. Und letzteres auch bei der Verwaltung des eigenen Geldes.

Bibliographie

Nachfolgende Übersicht enthält die meisten der für diese Monographie benutzten Quellen. Eine Ausnahme bilden – als Ergänzung und Anregung für gründlicheres Eindringen in unsere Thematik – der einige Bibliographien enthaltende Abschnitt 1 und die Beispiele von Dissertationen, die dem Frauenarchiv der Universität Düsseldorf zu verdanken sind. Dankenswerte Hilfe leisteten Sr. Ancilla, Ursulinenkonvent, Fritzlar; C. Freifrau v. Arnim, Kronberg i. Ts.; Baron und Baronin v. Arnim, Winkel a. Rh.; M. Dittrich, Canterbury; S. Gräfin zu Dohna, Mettmann; M. Gregor-Dellin, Gröbenzell; Prof. W. O. Henderson, Hemel Hempstead; M. Hirsch, Düsseldorf; Prof. M.-C. Hoock-Demarle, Ville d'Avray; W. Kessel, Erftstadt; H. Knobloch, Berlin (Ost); E. Kleßmann, Hamburg; W. Lüdemann, Magdeburg; E. Mäder, Berlin (Ost); Dr. Neuhaus-Koch, Düsseldorf; Dr. W. Reiniger, Bad Kreuznach; W. Weisbecker, Frankfurt a. M.; Dr. E. Weissweiler, Bonn, sowie die Institutionen Amerika-Gedenkbibliothek, Berlin; Archive der Städte Frankfurt a. M., Köln, Magdeburg; Berliner Zeitung, Berlin (Ost); Bettina-Schule, Frankfurt a. M.; Bettina-von-Arnim Gymnasium, Dormagen; Bettina-von-Arnim Oberschule, Berlin; Bibliothèque Nationale, Paris; Brücken-Verlag, Düsseldorf; Claassen Verlag, Düsseldorf; Deutsche Staatsbibliothek, Berlin (Ost); Eugen Diederichs Verlag, Köln; Frau und Musik, Düsseldorf; Freies Deutsches Hochstift-Frankfurter Goethe Museum, Frankfurt a. M.; Goethe Museum, Düsseldorf; Heinrich Heine-Institut, Düsseldorf; Karl Marx Studienzentrum, Trier; Kultur-Fonds der DDR, Berlin (Ost); Luchterhand Verlag, Darmstadt-Neuwied; Nationale Forschungs- und Gedenkstätten der Klassischen Deutschen Literatur, Weimar; Petöfi-Literaturmuseum, Budapest; Staatliche Kunstsammlungen, Kassel; Staatliche Museen Preußischer Kulturbesitz, Berlin; Stadtverwaltung Bad Kreuznach sowie die Universitätsbibliotheken Bonn, Düsseldorf, Duisburg und Köln.

1. Bibliographien

MALLON, O.: Bettina-Bibliographie, in: Imprimatur IV, 1933, S. 141–156

Bibliographie in: DREWITZ, I., Bettine von Arnim. Romantik, Revolution, Utopie. Eine Biographie, 2. Aufl., Düsseldorf 1984, S. 290–297

Zu Clemens und Bettine Brentano. Ein Literaturbericht, in: Schweizer Monatshefte 50, 1970/71, S. 268–272

Bibliographie in: HOOCK-DEMARLE, M.-C., Bettina Brentano-von Arnim, 1785–1859. La mise en œuvre d'une vie, Staatsthese, Paris 1986, S. 916–954

2. Gesamt- und Teilausgaben, Anthologien

ARNIM, B. v.: Sämtliche Werke, hg. von W. OEHLKE, Bd. 1–7, Berlin 1920–1922

ARNIM, B. v.: Werke und Briefe, hg. v. G. KONRAD, Bd. 1–4, Frechen 1958–1963; Bd. 5, Briefe, hg. v. J. MÜLLER, Frechen 1961

ARNIM, B. v.: Briefe und Konzepte aus den Jahren 1849–1952, in: Sinn und Form, Jg. 5, 1953, H. 1; Briefe und Konzepte aus den Jahren 1809–1846, in: Sinn und Form, Jg. 5, 1953, H. 4

ARNIM, B. BRENTANO-v.: romantisme et révolution. lettres et articles, Vorw., Anm. und Übers. v. M.-C. HOOCK-DEMARLE, Paris 1968 (= Collection Mémoire des Femmes)

ARNIM, B. v.: «Meine Seele ist eine leidenschaftliche Tänzerin», Texte zum Nachdenken, ausgew. und eingel. v. O. BETZ, Freiburg i. B. 1983 (= Herderbücherei 935)

ARNIM, B. v.: Eine weibliche Sozialbiographie aus dem neunzehnten Jahrhundert, kommentiert und zusammengest. aus Briefromanen und Dokumenten v. G. DISCHNER, Berlin 1984 (= Wagenbachs Taschenbücher 30)

ARNIM, B. v.: Die Sehnsucht hat allemal Recht. Gedichte, Prosa, Briefe, hg. und mit einem Nachwort v. G. WOLF, Berlin (Ost) 1984 (= Märkischer Dichtergarten), Frankfurt a. M. 1985 (= Fischer Taschenbuch 5844)

ARNIM, B. v.: Werkausgabe in vier oder fünf Bänden, Bd. 1 Goethes Briefwechsel mit einem Kinde, hg. v. H. HÄRTL, Berlin (Ost), Weimar 1986

ARNIM, B. v.: Werke und Briefe in drei Bänden, hg. v. W. SCHMITZ und S. v. STEINSDORFF, Bd. 1 Clemens Brentano's Frühlingskranz, Die Günderode, hg. v. W. SCHMITZ, Frankfurt a. M. 1986 (= Bibliothek deutscher Klassiker 12)

3. Briefwechsel

Briefe an Ludwig Tieck, hg. v. K. HOLTEI, 1, 3, Breslau 1864

Briefe von Stägemann, Metternich, Heine und Bettina von Arnim, hg. v. L. ASSING, Leipzig 1865

Briefwechsel zwischen Pückler und Bettina von Arnim, in: Briefwechsel des Fürsten Hermann von Pückler-Muskau, hg. v. L. ASSING, 1, Hamburg 1873

Briefe Goethe's an Sophie von La Roche und Bettina Brentano, hg. v. G. v. LOEPER, Berlin 1879

Bettine von Arnim und Friedrich Wilhelm IV. Ungedruckte Briefe und Aktenstücke, hg. v. L. GEIGER, Frankfurt a. M. 1902

Die Briefe der Frau Rath Goethe, hg. v. A. KÖSTER, 2, Leipzig 1908

Bettines Briefwechsel mit Goethe. Aufgrund ihres handschriftlichen Nachlasses nebst zeitgenössischen Dokumenten über ihr persönliches Verhältnis zu Goethe, hg. v. R. STEIG, Leipzig 1922

Bettina von Arnim und Rudolf Baier. Unveröffentlichte Briefe und Tagebuchaufzeichnungen, hg. v. K. GASSEN, Greifswald 1937 (= Aus den Schätzen der Universitäts-Bibliothek zu Greifswald, 11)

Das unsterbliche Leben. Unbekannte Briefe von Clemens Brentano, hg. v. F. FUCHS und W. SCHELLBERG, Jena 1942, Reprint Bern 1970

Die Andacht zum Menschenbild. Unbekannte Briefe von Bettine Brentano, hg. v. W. SCHELLBERG und F. FUCHS, Jena 1942, Reprint Bern 1970

Achim und Bettine in ihren Briefen. Briefwechsel Achim von Arnim und Bettine Brentano, hg. v. W. VORDTRIEDE, Einl. v. R. A. SCHRÖDER, Frankfurt a. M. 1961

Der Briefwechsel zwischen Bettine Brentano und Max Prokop von Freyberg, hg. v. S. VON STEINSDORFF, Berlin, New York 1972 (= Quellen und Forschungen zur Sprach- und Kulturgeschichte der germanischen Völker 48, 172)

Der Briefwechsel Bettine von Arnims mit den Brüdern Grimm, 1838–1841, hg. v. H. SCHULTZ, Frankfurt a. M. 1985

4. Übersetzungen

[AUSTIN, S.?:] Rez. Goethes Briefwechsel mit einem Kinde nebst sehr reichlichen übers. Auszügen, in: The Athenaeum, Nr. 415, 416, Oktober 1835

BAKUNIN, M.: Kniga Ljubvi, in: Syn Otečestva, 2, 1838

ARNIM, B. v.: Goethe's correspondence with a Child, 2 Bde., Bd. 3 Diary of a Child, Berlin o. J. (1838/1839)

AUSTIN, S.: Übers. Passagen aus Goethes Briefwechsel mit einem Kinde, in: Fragments from German Prose Writers, London 1841

ALBIN, S. (Hortense Cornu): Goethe et Bettine. Correspondance inédite de Goethe et de Mme Bettine d'Arnim, 2 Bde., Paris 1843

De la misère en Allemagne par Madame Bettine d'Arnim, in: Voix des femmes, März-Juni 1848

NECCO, G.: Carteggio di Goethe con una bimba, Mailand, Rom 1932

5. Wichtigste Einzelwerke

Goethe's Briefwechsel mit einem Kinde, 2 Bde., Berlin Februar 1835, Bd. 3 Tagebuch, Berlin Sommer 1835; 2. Aufl. in 2 Bänden 1837; 3. Aufl. hg. v. H. GRIMM, 1881; Neudr. hg. von J. FRÄNKEL, Jena 1906

Die Günderode, 2 Teile, Leipzig 1840

Dies Buch gehört dem König, Berlin 1843; 2. Aufl. 1852

Clemens Brentanos Frühlingskranz. Aus Jugendbriefen ihm geflochten, wie er selbst schriftlich verlangte, Charlottenburg 1844, Neudr. hg. v. H. HÄRTL, Weimar 1985 (= Reclams Universalbibliothek 563); derselbe Titel mit einem Nachw. v. H. SCHULTZ, Frankfurt a. M. 1985

Das Armenbuch, 1844, hg. v. W. VORDTRIEDE, in: Jb. FDH 1962; Frankfurt a. M. 1969 (= sammlung insel 44)

Ilius Pamphilius und die Ambrosia, 2 Bde., 2. Aufl., Berlin 1848

ALBIN, ST. (Pseudonym für B.): An die aufgelös'te Preußische National=Versammlung. Stimmen aus Paris, Paris, Berlin, tatsächlich nur Berlin, o. J. (1849; Vorw. «Paris, 15 December 1848»); Neudr. KUCZYNSKI, J.: Bettina von Arnim und die Polen,

Einl. v. J. Kuczynski, Nachw. v. R. Krenn, Berlin (Ost) 1949 (= Schriftenreihe der Hellmuth-von-Gerlach-Gesellschaft für kulturelle, wirtschaftliche und politische Beziehungen zu dem neuen Polen); Bettina von Arnims Polenbroschüre, hg. v. U. Püschel, Berlin (Ost) 1954

Gespräche mit Dämonen. Des Königsbuches zweiter Band, Berlin 1852; Neudr. Bettina von Arnims Aufruf zur Revolution und zum Völkerbunde. Gespräche mit Dämonen, hg. v. K. Moreck, München 1919; hg. von Gustav Konrad, Frechen 1963

6. Biographien, Dokumente und Publikationen zur Biographie, Zeugnisse

Achim von Arnim. 1781–1831. Ausstellung, hg. v. D. Lüders, Freies Deutsches Hochstift, Frankfurter Goethe-Museum, Frankfurt a. M. 1981

Alberti, C.: Bettina von Arnim. Ein Erinnerungsblatt zu ihrem hundertsten Geburtstage, Leipzig 1883

Andersen, H. Ch.: Das Mährchen meines Lebens, 2 Tle., Leipzig 1845/46; Neuausg. aus dem Dänischen v. M. Birkenbihl, Frankfurt a. M. 1979 (= insel Taschenbuch 356)

Anonym: Sie trägt die Schuld, in: Urwähler=Zeitung. Organ für Jedermann aus dem Volke. 2. Jg. Nr. 122, 29. Mai 1850

Anonym: Elisabeth von Arnim, in: Didaskalia. Blätter für Geist, Gemüth und Publicität, Jg. 37, 22. Januar 1859

Arnim, A. v.: Armuth Reichthum Schuld und Buße der Gräfin Dolores. Zweites Buch mit Melodien, Berlin 1810

Die Kronenwächter, Bd. 1, Berlin 1817

Die Gleichen. Schauspiel in 6 Aufzügen, Berlin 1819

und Brentano, C.: Des Knaben Wunderhorn. Alte deutsche Lieder, Heidelberg 1805

Arnim, B. v. (Pseudonym Juliane Morella): Urform des Märchens. Scherzendes Gemisch von der Nachahmung des Heiligen, in: Zeitung für Einsiedler, Nr. 7, 23. April 1808; Seelied, Nr. 12, 11. Mai 1808; Reprint Darmstadt 1962

Über Schinkels Entwürfe zu den Fresken in der Vorhalle des Berliner Museums, in: Pückler, Hermann Fürst von: Andeutungen über Landschaftsgärtnerei, o. O. 1834; Nachdr. der 1. Aufl. Berlin 1933; 1939

Dédié à Spontini, Directeur Général de la musique et premier maître de chapelle de S. M. le Roi de Prusse, Leipzig 1843

Arnold, E.: Goethes Berliner Beziehungen, Gotha 1925

Begegnungen mit Heine, 1797–1846, hg. v. M. Werner, Hamburg 1973

Behrens, J.: Bettine von Arnim und Felix Prinz Lichnowsky. Eine Episode, in: Archiv f. Frankfurter Geschichte und Kunst, 1985

Bekker, P.: Beethoven, Berlin 1912

Berdrow, C.: Rahel Varnhagen. Ein Lebens- und Zeitbild, Stuttgart 1902

Bergemann, F.: Neues von und über Bettina, in: Jb. der Sammlung Kippenberg, 2, 1922

Bettine von Arnim. Ausstellung 1985, hg. v. Ch. Perels, Freies Deutsches Hochstift, Frankfurt a. M., Goethe-Museum, Düsseldorf, Frankfurt a. M. 1985

Bettine von Arnim. Romantik und Sozialismus. Vorträge von Hartwig Schultz, Heinz Härtl und Marie-Claire Hoock-Demarle. Mit einem Beitrag von Harry Schmidtgall im Anhang. Trier 1987 (= Schriften aus dem Karl Marx Haus, 35)

Bode, W.: Der weimarische Musenhof, 1756–1781, Berlin 1918

Boerner, P.: Johann Wolfgang von Goethe, Reinbek 1964 (= rowohlts monographien 100)

Böttger, F.: Bettina von Arnim. Ein Leben zwischen Tag und Traum. Berlin (Ost) 1986

Braun, L.: Im Schatten der Titanen, Braunschweig 1909

Brentano, C.: Godwi, Sämtliche Werke und Briefe. Historisch-Kritische Ausgabe, 16, hg. v. W. Bellmann, Freies Deutsches Hochstift, Stuttgart, Berlin, Köln, Mainz 1978

Briefe an Goethe, Hamburger Ausgabe, hg. v. K. R. Mandelkow, 1, 1962; 2, 1969; 4, 1976

Briefe und Gedichte aus dem Album Robert und Clara Schumann, hg. v. W. Boetticher, Leipzig 1979

Briefwechsel zwischen dem Grafen von Mirabeau und dem Fürsten A. von Arenberg, Graf von der Mark, Deutsch v. J. Ph. Städtler, 3 Bde., Brüssel, Leipzig 1854

Briefwechsel zwischen Varnhagen und Rahel, 2, Leipzig 1874

Caroline und Dorothea Schlegel in Briefen, hg. v. E. Wieneke, Weimar 1914

Carriere, M.: Bettina von Arnim, Breslau o. J. [um 1890] (= Deutsche Bücherei 42)

Conrady, K. O.: Goethe. Leben und Werk, 2, Königstein i. Ts. 1985

Dehn, T. P.: Bettine von Arnim und Rußland, in: Zeitschr. f. Slawistik, Jg. 4, H. 3, 1959

Die Liebe der Günderode. Friedrich Creuzers Briefe an Caroline von Günderode, hg. v. K. Preisendanz, München 1912

Drewitz, I.: Bettine von Arnim. Romantik, Revolution, Utopie. Eine Biographie, Köln 1969; Taschenbuchausg. 7. Aufl., München 1986 (= Heyne Biographien 12/56); Neuausg., 2. Aufl., Düsseldorf 1984

Ingeborg Drewitz schreibt an Bettine von Arnim, in: Proben und Berichte. 1934–1984. Ein Almanach zum fünfzigjährigen Bestehen des Verlags (Claassen), Düsseldorf 1984

Edler, A.: Robert Schumann und seine Zeit, o. O. 1982 (= Große Komponisten und ihre Zeit)

Eissler, K. R.: Goethe. Eine psychoanalytische Studie, 1775–1786, aus dem Amerik. übers. v. P. Fischer, Frankfurt a. M. 1983/85

Engel, E.: Goethe. Der Mann und das Werk, 5. Aufl., Berlin 1910

Feilchenfeldt, K.: Die Anfänge des Kults um Rahel und seine Kritiker, in: Juden im Vormärz und der Revolution von 1848, hg. v. W. Grab und J. H. Schoeps, Stuttgart, Bonn 1983 (= Studien zur Geistesgeschichte 3)

Ferdinand Lassalle. Eine Auswahl für unsere Zeit, hg. v. H. Hirsch, Bremen 1963 (= Sammlung Dieterich 287)

Friedenthal, R.: Goethe. Sein Leben und seine Zeit, München 1980

Geist, J. F. und K. Kürvers: Die Entstehung des Anhangs zum «Königsbuch», Erfahrungen eines jungen Schweizers im Voigtland. In: Das Berliner Mietshaus 1740–1862, München 1980

Gerstner, H.: Brüder Grimm, Reinbek 1973 (= rowohlts monographien 201)

Gesellschaftskritik im Werk Heinrich Heines. Ein Heine-Lesebuch, hg. v. H. Walwei-Wiegelmann u. a., Paderborn 1974

Goethe, W.: Aus meinem Leben, hg. v. P. Sprengel, Münchner Ausg., 16, 1985

Goethe in vertraulichen Briefen seiner Zeitgenossen. Auch eine Lebensgeschichte, hg. v. W. Bode, Bern 1969, München 1982

Goethes Briefwechsel mit Antonie Brentano 1814–1821, hg. v. R. Jung, Weimar 1896; Neudr. Bern 1970 (= Schriften des Freien Deutschen Hochstifts in Frankfurt a. M. VII)

Goethes Briefe, Weimarer Ausg., IV, 14, 1893; 21, 1896; 22, 1901; 23, 1900; 32, 1906; 35, 1906

Goethes Gespräche, hg. v. F. von Biedermann, Leipzig 1909

Goethes Tagebücher, Weimarer Ausg., III, 3, 1889; 12, 1901; 13, 1903

GOLDSCHMIDT, H.: Um die unsterbliche Geliebte. Eine Bestandsaufnahme, Leipzig 1977

GOTTSCHALK, H.: Ungarn. Landschaft, Geschichte und Kultur, Stuttgart 1970

GRANDJONC, J.: Vorwärts! 1844. Marx und die deutschen Kommunisten in Paris, 2. Aufl., Berlin, Bonn-Bad Godesberg 1974 (= Internationale Bibliothek 71)

GRIMM, BRÜDER: Kinder- und Haus-Märchen, Berlin 1812; Neudr. 1843, Reprint Walluf-Neudeln 1975

GRIMM, L. E.: Erinnerungen aus meinem Leben, Leipzig 1913

GUTZKOW, K.: Ein Besuch bei Bettinen, in: Telegraph für Deutschland, Nr. 1–2, 1837; Neudr. in: Oeffentliche Charaktere, Gesammelte Werke, 9, 3. Aufl., Jena o. J.; 4 Reprint, hg. v. R. GENSEL, Hildesheim, New York 1974

Eine Sammlung seiner kritischen Schriften, hg. v. P. DEMETZ, Frankfurt a. M., Berlin, Wien 1974

HÄRTL, H.: Bettina von Arnim, 1785–1859. Eine Chronik. Daten und Zitate zu Leben und Werk, Hg. Kulturfonds der DDR, Wiepersdorf o. D.

HEINE, H.: Werke in zehn Bänden, hg. v. OSKAR WALZEL, II, IX, X, Leipzig 1920

Historisch-Kritische Gesamtausgabe der Werke, hg. v. M. WINDFUHR, 8/1, Hamburg 1979

Säkularausg., Berlin (Ost), Paris, 26, 1975

Werke und Briefe, 1, hg. v. H. KAUFMANN, Berlin (Ost) 1961

HELM, E.: Franz Liszt, Reinbek 1972 (= rowohlts monographien 185)

HELPS, A., HOWARD, E. J.: Bettina. A Portrait, London 1979

HESS, M. (Pseudonym Jünger Spinozas): Die heilige Geschichte der Menschheit, Stuttgart 1837; Reprint Hildesheim 1980

HESSE, H.: Betrachtungen, Berlin 1928

HETMANN, F.: Bettina und Achim. Die Geschichte einer Liebe, Weinheim, Basel 1983

HEUBERGER, R.: Erinnerungen an Johannes Brahms, hg. v. K. HOFMANN, 2. Aufl., Tutzing 1976

HIRSCH, H.: Die Berliner Welcker-Kundgebung, in: Archiv f. Sozialgeschichte, 1, 1961

Friedrich Engels, Reinbek 1968 (= rowohlts monographien 142)

Jean Jaurès und August Bebel, in: Die geteilte Utopie. Sozialisten in Frankreich und Deutschland, mit einem Vorw. v. A. Grosser, hg. v. M. L. CHRISTADLER, Opladen 1985

Karl Friedrich Koeppen, Neuabdr. in: Denker und Kämpfer. Ges. Beiträge zur Geschichte der Arbeiterbewegung, Frankfurt a. M. 1955

Karl Heinzen, in: Beiträge zur Geschichte der Stadt Grevenbroich, H. 6, 1985

Karl Ludwig Bernays, in: Heine-Jahrb. '74

Karl Ludwig Bernays und die Revolutionserwartung vor 1848. Dargestellt am Mordfall Praslin, Trier 1976 (= Schriften aus dem Karl Marx-Haus Trier, 17)

Karl Marx als Dichter, in: Muttersprache, H. 5/6, 1983/84

Marx über Napoleon, in: Denker und Kämpfer. Ges. Beiträge zur Geschichte der Arbeiterbewegung, Frankfurt a. M. 1955

Mesmerism and Revolutionary America, in: American-German Review, Oktober 1943

Moses Hess und Köln, in: Köln und das rheinische Judentum. Festschrift Germania Judaica, hg. v. J. BOHNKE-KOLLWITZ u. a., Köln 1984

Robert Blum, Köln 1977 (= Kölner Biographien 8); Neudr. in: Freiheitsliebende Rheinländer. Neue Beiträge zur deutschen Sozialgeschichte, Düsseldorf, Wien 1977

Sophie von Hatzfeldt. In Selbstzeugnissen, Zeit- und Bilddokumenten, Düsseldorf 1981 (= Schriftenreihe des Stadtmuseums Düsseldorf, 1)

Jüdische Aspekte im Leben und Werk Bettine von Arnims. In: Internationales Jahrbuch der Bettina-von-Arnim-Gesellschaft, Bd 1 (1987)

Werther, Tasso und Wilhelm Meister als Spiegelbilder der Charakterentwicklung

152

Goethes, in: The Germanic Review, Dezember 1946

Hoock-Demarle, M.-C.: Bettina Brentano-von Arnim 1785–1859. La mise en œuvre d'une vie, Staatsthese, l'Université de Paris III, 1986

Jacobi, F. H.: Freundschaft und Liebe. Eine wahre Geschichte, Nachw. v. G. Schulz, Neudr. Bremen 1970

Kantzenbach, F. W.: Friedrich Daniel Ernst Schleiermacher, Reinbek 1967 (= rowohlts monographien 126)

Karl Friedrich Schinkel. Architektur, Malerei, Kunstgewerbe. Hg. v. H. Börsch-Suphan u. L. Grisebach, Verwaltung der Staatlichen Schlösser und Gärten, National Galerie Berlin, Staatliche Museen Preußischer Kulturbesitz, Berlin 1981

Karl Friedrich Schinkel. 1781–1841. Schinkel-Ehrung in der Deutschen Demokratischen Republik, Hg. Staatliche Museen zu Berlin (Ost), o. J.

Kastinger Riley, H. M.: Achim von Arnim, Reinbek 1979 (= rowohlts monographien 277)

Kirchhoff, J.: Friedrich Wilhelm Joseph von Schelling, Reinbek 1982 (= rowohlts monographien 308)

Klessmann, E.: Romantik und Antisemitismus, in: Der Monat, H. 249, Juni 1969

Knaack, J.: Achim von Arnim – nicht nur Poet. Die politischen Anschauungen Arnims in ihrer Entwicklung, Darmstadt 1976 (= Germanistik 8)

Knobloch, H.: Herr Moses in Berlin. Auf den Spuren eines Menschenfreundes, Berlin (Ost) 1979; Berlin 1982

Krenzke, H.-J.: Bettina von Arnims Harzreise, in: Magdeburger Zeitung, 9. Oktober 1986

Kühn, D.: Bettines letzte Liebschaften, Frankfurt a. M. 1986

Landau, P.: Gesellschafts-Kultur, in: Juden im deutschen Kulturbereich. Ein Sammelwerk, hg. v. S. Kaznelson, 3. Ausg., Berlin 1962

Lavater, J. C.: Physiognomische Fragmente. Zur Beförderung der Menschenkenntnis und Menschenliebe, 3, Leipzig, Winterthur 1777

Lehning, A.: Bakounine et les autres. Esquisses et portraits contemporains d'un révolutionnaire, Paris 1976 (= Série Noir et Rouge)

Liersch, W.: Dichters Ort. Ein literarischer Reiseführer, Rudolstadt 1985

Litterscheid, R.: Johannes Brahms in seinen Schriften und Briefen, Berlin 1943

Lucas, B. (B. Beluthy): Ein Erinnerungsblatt aus London, in: Leipziger Sonntagsblatt, Nr. 37, 14. September 1862

Lüthi, K.: Feminismus und Romantik, Wien, Köln, Graz 1985 (= Literatur und Leben, N.F. 26)

Mclellan, D.: Karl Marx. Leben und Werk, aus dem Engl. v. O. Wilck, München 1973

Marcuse, L.: Heinrich Heine, Reinbek 1960 (rowohlts monographien 41)

Marx, K., Engels, F.: Briefwechsel bis April 1846, MEGA[II], III, 1 Berlin (Ost) 1975

May, F.: Johannes Brahms, aus dem Engl. v. L. Kirschbaum, München 1983

Meine Seele ist bey euch geblieben. Briefe Sophie Brentanos an Henriette von Arnstein, hg. v. K. Schenck zu Schweinsberg, Weinheim 1985 (= Acta humaniora VCH)

Mende, F.: Heinrich Heine. Chronik seines Lebens und Werkes, Berlin (Ost) 1970

Meyer-Hepner, G.: Das Bettina von Arnim-Archiv, in: Sinn und Form, H. 6, 1954

M[ilch], W.: Bettine und der Magistrat, in: Frankfurter Zeitung, 7. Dezember 1936

Die junge Bettine 1785–1811, hg. v. P. Küpper, Heidelberg 1968

Mirabeau, [H.-G. R. v.]: Denkwürdigkeiten, hg. v. K. Merling, München, Leipzig 1924

Essai sur les lettres de chachet et sur les prisons d'État, Hamburg 1782

Müller, J. v.: Geschichten der Schweizer, 5 Bde., Leipzig 1786–1808

Nicolaievski, B., Maenchen-Helfen, O.: La Vie de Karl Marx. L'Homme et le Lutteur, aus dem Deutschen v. Marcel Stora, Paris 1970

NOVALIS (F. von Hardenberg): Schriften, hg. v. R. SAMUEL, 2, Stuttgart 1965

OEHLKE, W.: Bettina von Arnims Briefromane, Berlin 1905 (= Palaestra XLT)

PARTH, W. W.: Goethes Christiane. Ein Lebensbild. München 1980

PAUSCH, A.: Steuerromantik rund um Bettina von Arnim, Köln 1978

Eine Sammlung von Briefen und Actenstücken. Hg. von E. STENGEL, Bd. 1 Marburg 1895.

Rahel. Ein Buch des Andenkens für ihre Freunde, 1. T., hg. v. K. F. VARNHAGEN VON ENSE, Berlin, Dezember 1833

Rahel Varnhagen im Umgang mit ihren Freunden. Briefe 1793–1833, hg. v. F. KEMP, München 1967

REHBERG, P. und W.: Robert Schumann. Sein Leben und sein Werk, Zürich, Stuttgart 1914

RIEMER, F. W.: Mitteilungen über Goethe, hg. v. A. POLLMER, Leipzig 1921

ROSE, M.: Marx's lost aesthetics. Karl Marx & the visual arts, Cambridge usw. 1984

ROMOHR, [C. F.]: Der deutsche Zollverein neben den Hansestädten, in: Rheinische Zeitung für Politik, Handel und Gewerbe, Nr. 18, 18. Januar 1842 (Abdr. nach Allgemeine Preußische Staats-Zeitung)

SCHANZE, H.: Index zu Novalis' Heinrich von Ofterdingen, Frankfurt a. M., Bonn 1968 (= Indices zur deutschen Literatur, 1)

SCHANZE, P.: Franz Liszt. Die Geschichte seines Lebens, Schaffens und Wirkens, Zürich, Stuttgart 1961

SCHERING, A.: Beethoven und die Dichtung, Hildesheim, New York 1973

SCHMITZ, A.: Das romantische Beethovenbild. Darstellung und Kritik, Neuaufl. Darmstadt 1978

SCHORN, A. v.: Zwei Menschenalter. Erinnerungen und Briefe, Berlin 1901
Das nachklassische Weimar, 2, Weimar 1912

SCHUMANN, R.: Tagebücher, 3, 1847–1856, hg. v. G. Neuhaus, Leipzig 1982

SCURLA, R.: Rahel Varnhagen. Die große Frauengestalt der deutschen Romantik, Düsseldorf 1978; Orig.: Begegnung mit Rahel. Der Salon der Rahel Levin, Berlin (Ost) 1962

SOLOMON, M.: Beethoven. Biographie, aus dem Amerik. v. U. v. Puttkammer, München 1979

Sophie von La Roche. Ein Lebensbild in Briefen, hg. v. M. MAURER, München 1983

STERNBERGER, D.: Heinrich Heine und die Abschaffung der Sünde, Hamburg, Düsseldorf 1972

TURÓCZI-TROSTLER, J.: Petöfis Eintritt in die Weltliteratur (2), Budapest 1961

VALENTIN, V.: Geschichte der deutschen Revolution von 1848–1849, Frankfurt a. M., Wien, Zürich 1977

VARNHAGEN V. ENSE, K. A.: Tagebücher. Aus dem Nachlaß Varnhagens von Ense, 1, 2, Leibzig, 1861; 4, 1862; 7, Zürich, 1865; 12, 13, Hamburg 1870
Betrachtungen und Bekenntnisse aus den Tagebüchern 1835–1858, Berlin (Ost) 1980

VORDTRIEDE, W.: Bettina und Goethe in Teplitz, in: Jb. des Freien Deutschen Hochstifts, 1964
Novalis und die französischen Symbolisten. Zur Entstehungsgeschichte des dichterischen Symbols, Stuttgart 1963

WEISBECKER, W.: Stefan Zweig entdeckte den gefälschten Brief, in: Frankfurter Allgemeine Zeitung, 26. Januar 1984

WEISSWEILER, E.: Robert Schumanns letzte Lebensjahre in der psychiatrischen Klinik Bonn-Endenich, in: Frankfurter Allgemeine Zeitung, Beil. Februar 1986

WERNER, E.: Felix Mendelssohn Bartholdy. A new image of the composer and his age, London 1963

WERNER, J.: Maxe von Arnim. Tochter Bettinas, Gräfin von Oriola, 1818–1894, Leipzig 1937

WOLF, CH.: Nun ja! Das nächste Leben geht aber heute an. Ein Brief über die Bettine, in: Lesen und Schreiben. Neue Sammlung, Darmstadt, Neuwied 1980 (= Sammlung Luchterhand); Funkfassung v. D. VETTER, in: Frauen. Porträts aus zwei Jahrhunderten, hg. v. H. J. SCHULTZ, Stuttgart, Berlin 1981

Karoline von Günderrode. Der Schatten eines Traumes, Berlin (Ost) 1979

WORBS, H. CH.: Felix Mendelssohn Bartholdy, Reinbek 1974 (= rowohlts monographien 215)

ZADOW, M.: Karl Friedrich Schinkel, Berlin 1980

Zionismus. Vierunddreißig Aufsätze, hg. v. H. J. SCHOEPS, München 1973 (= nymphenburger texte zur wissenschaft, modelluniversität 16)

ZOBELEY, F.: Ludwig van Beethoven, Reinbek 1965 (= rowohlts monographien 103)

Zwischen Goethe und Beethoven. Verbindende Texte zu Beethovens Egmont-Musik, hg. v. K. K. POLHEIM, Bonn 1982

7. Dissertationen

FREIS, W.: Bettine von Arnims Königsbuch. Ein Beitrag zur Geschichte ihres Lebens und ihrer Zeit, Rostock 1912

WYSS, H.: Bettina von Arnims Stellung zwischen der Romantik und dem Jungen Deutschland, Bern 1935

ZIMMERMANN, M. J.: Bettina von Arnim als Dichterin, Basel 1958

PÜSCHEL, U.: Bettina von Arnims politische Schriften, Berlin (Ost) 1965

HERTZ, D.: The Literary Salon in Berlin 1790–1806. The Social History of an Intellectual Institution, University of Minnesota 1979

BAUMER, K. CH.: Goethes «Briefwechsel mit einem Kinde». Ein weiblicher Bildungsroman des 19. Jahrhunderts, University of California, Davis 1983; überarbeitet und wesentlich erweitert als Bettine, Psyche, Mignon. Bettina von Arnim und Goethe, Stuttgart 1986 (= Stuttgarter Arbeiten zur Germanistik)

Über den Autor

Helmut Hirsch, Jahrgang 1907. Emigrierte 1933 nach Frankreich. Seine Leipziger Dissertation über den intimsten Berliner Freund Marxens, Karl Friedrich Köppen, wurde 1936 in Holland publiziert. Mit Rudolf Leonhard und Maximilian Scheer im Pariser Aktionsausschuß für Freiheit in Deutschland. 1942–1945 Abschluß des Studiums mit dem Ph. D. der University of Chicago (Geschichte, Germanistik). Rückwanderung 1957 als Associate Professor der Chicagoer Roosevelt University. 1972 Honorarprofessor für Politikwissenschaft an der Universität Duisburg, die 1983 eine zweiunddreißigseitige Bibliographie H. H. herausbrachte. Autor der rowohlts monographien über Friedrich Engels, Rosa Luxemburg, August Bebel. Einer von Margarethe von Trottas Beratern für den Luxemburg-Film. Mitglied des P.E.N.

Namenregister

Quellennachweis der Abbildungen